Grimms Märchen tiefenpsychologisch gedeutet

W

Ostern 1997

Eugen Drewermann

Hänsel und Gretel

Märchen Nr. 15 aus der Grimmschen Sammlung

Walter Verlag Zürich und Düsseldorf

Der Text des Märchens ist in der Fassung der Grimmschen
«Kinder- und Hausmärchen» von 1857 wiedergegeben

Umschlagbild:
Edvard Munch: Trost im Wald, 1923–1925. © 1997 Pro Litteris, Zürich; The Munch-Museum/The Munch-Ellingsen Group, Oslo

Zu den Farbtafeln:
1. Ludwig Dettmann: Im Leid, 1893. Museum für Kunst und Kulturgeschichte Lübeck.
2. Edvard Munch: Trost im Wald, 1923–1925. 1997. © Pro Litteris, Zürich, The Munch-Museum/The Munch-Ellingsen Group, Oslo.
3. Käthe Kollwitz: Plakat gegen den Paragraphen 218, 1924, Stiftung Archiv der Akademie der Künste, Berlin. © 1997, Pro Litteris, Zürich.
4. a) Käthe Kollwitz: Deutschlands Kinder hungern, 1924, Käthe Kollwitz Museum, Köln. © 1997, Pro Litteris, Zürich.
b) Käthe Kollwitz: Brot, 1924, Käthe Kollwitz Museum, Köln. © 1997, Pro Litteris, Zürich.

Die Deutsche Bibliothek – CIP-Einheitsaufnahme

Drewermann, Eugen:
Hänsel und Gretel Nr. 15 aus der Grimmschen Sammlung
/ Eugen Drewermann. – Zürich ; Düsseldorf : Walter, 1997
(Grimms Märchen tiefenpsychologisch gedeutet)
ISBN 3-530-40022-x
NE: Hänsel und Gretel

© 1997 Walter Verlag, Zürich und Düsseldorf
Satz: Jung Satzcentrum, Lahnau
Druck und Einband: Clausen & Bosse, Leck
Printed in Germany
ISBN 3-530-40022-x

Inhalt

Vorwort

7

Hänsel und Gretel

9

Von Armut und Armseligkeit oder: Verstoßen wider Willen

14

Der Zwiespalt von «Mutter» und «Vater» oder: Die Umkehr der Gefühle

17

Der Zwiespalt von Außen und Innen oder: Der Zwang zum ständigen Lügen

22

Zugleich versorgt und verstoßen oder: Von Heimatsuche und Fremde

28

Essen ist gegessen werden oder: Ein magersüchtiger Alptraum

35

Der «Tod» der «Hexe» oder: Vom Aufbruch zur Freiheit

49

Die «Schätze» der Kindheit oder: Was das Märchen noch erzählen müßte

59

Anmerkungen

63

Vorwort

«Vor einem großen Walde wohnte ein armer Holzhacker mit seiner Frau und seinen zwei Kindern…» Wohl jedes deutsche Kind hat diese Worte schon einmal gehört und die Erzählung, die dann folgt, nie mehr vergessen: das Märchen von *Hänsel und Gretel.* Es ist *die* Kindergeschichte schlechthin. Erzählungen von Menschenfressern oder blutgierigen Wölfen, die in einsamen Waldhäusern hausen und verirrten Kindern und sonstigen Abenteurern auflauern, finden sich weltweit in allen Kulturen[1]; wo aber fände man eine Geschichte, die so genial den Wunsch aller Kinder nach Süßigkeiten und Zuckerwerk verknüpfen würde mit dem Kontrast äußerster Entbehrung und Not? Wo eine Geschichte, die das Motiv von der menschenfressenden Hexe förmlich *begründete* mit dem Hintergrund einer Frau, die in ihrem Elend nicht ein noch aus weiß? Wo ein Märchen, das so virtuos zwei Welten miteinander verschmölze, die an sich so weit von einander getrennt sind wie Wunsch und Wirklichkeit, Traum und Tag, Hoffnung und Härte, und das dann doch zu zeigen begönne, wie aus dem einen das andere entsteht: aus der Angst der Aufbruch, aus dem Aufbruch der Alptraum, aus dem Alptraum der Aufstand, aus dem Aufstand die Reifung, aus der Reifung die Rückkehr …? Hans Christian Andersens *Mädchen mit den Schwefelhölzchen*[2] ist rührend und groß, nur schon weil es das flüchtige Aufflammen der Sehnsucht einer Verhungernden schildert; die Grimmsche Geschichte aber von *Hänsel und Gretel* beschreibt eine innere Entwicklung, in der die Ängste der Kindheit dazu antreiben, in gewissem Sinne *erwachsen* zu werden: vom Jungen zum Jugendlichen, vom Mädchen zur Frau. Viele Geschichten der Brüder Grimm erzählen von der Verzauberung durch die Liebe; *diese* Geschichte hingegen erzählt allein von den Schrecken und Chancen der Entwicklung eines Kindes, das nach und nach aufhört, ein Kind zu sein.[3]

Wer jedoch ist dieses «Kind»? Wie so oft in den *«Kinder- und Hausmärchen»* der Brüder Grimm führt die Überschrift in die Irre. «Brüderchen und Schwesterchen» sollte die Erzählung ursprünglich heißen[4]; doch schon das Märchen, das diesen Titel jetzt trägt (KHM 11)[5], schildert im Grunde nicht die Entfaltung eines Geschwisterpaares, in seinem Mittelpunkt steht vielmehr ein *Mädchen,* in dessen Seele die Gestalt des «Schwesterchens» ebenso wohnt wie die des «Brüderchens»; wie ein solches vor allem im «Schwesterchen» repräsentiertes Kind es lernt, über all seine Scheu hinweg die Liebe zu wagen und sich trotz seiner Rolle als Mutter an der Seite seines Gatten als Frau zu entdecken – davon eigentlich erzählt das Märchen vom *«Brüderchen und Schwesterchen».* Auch *Hänsel und Gretel* ist alles andere als eine Geschwistergeschichte. Genau betrachtet kreist sie wesentlich um das «Hänsel»[6]: Er ist es, der die weinende «Schwester» tröstet, der die Auswege und Rückwege organisiert, der die größte Not durchleidet, indem er im Ställchen der Hexe wie ein Mastvieh zum Schlachten gehalten wird, er ist es schließlich, der sein «Schwesterchen» zum Aufbruch aus dem Hexenwald drängt; dafür allerdings ist es «Gretel», die mit ihrer List die Hexe im Ofen verbrennt, und sie ist es auch, die am Ufer des «großen Wassers» das «Entchen» herbeilockt, das die Kinder zum «Vater»hause zurückträgt. Doch kann in seiner ganzen Anlage das Märchen von *Hänsel und Gretel* nicht vergessen machen, daß es einmal in der Vorlage des *Däumlings* von Charles Perrault[7] nur von einem kleinen Jungen berichtete, der in seiner Einsamkeit, Angst und Verlassenheit in einer ihm fremden Welt sich zurecht finden muß; das «Gretel», die *Schwester*, ist demgegenüber eine reine Metapher, etwa vergleichbar der Sehnsuchtsgestalt in GEORG TRAKLS Gedichten[8]; ein guter Engel ist sie, keine eigene Person, der trauernde Seelenzustand und rettende Seelenbeistand eines Jungen, der in seiner Verzweiflung beides zugleich ist: «Hänsel» *und* «Gretel». – Doch hören wir zu.

Hänsel und Gretel

Vor einem großen Walde wohnte ein armer Holzhacker mit seiner Frau und seinen zwei Kindern; das Bübchen hieß Hänsel und das Mädchen Gretel. Er hatte wenig zu beißen und zu brechen, und einmal, als große Teuerung ins Land kam, konnte er auch das täglich Brot nicht mehr schaffen. Wie er sich nun abends im Bette Gedanken machte und sich vor Sorgen herumwälzte, seufzte er und sprach zu seiner Frau: «Was soll aus uns werden? Wie können wir unsere armen Kinder ernähren, da wir für uns selbst nichts mehr haben?» «Weißt du was, Mann», antwortete die Frau, «wir wollen morgen in aller Frühe die Kinder hinaus in den Wald führen, wo er am dicksten ist: da machen wir ihnen ein Feuer an und geben jedem noch ein Stückchen Brot, dann gehen wir an unsere Arbeit und lassen sie allein. Sie finden den Weg nicht wieder nach Haus, und wir sind sie los.» «Nein, Frau», sagte der Mann, «das tue ich nicht; wie sollt' ich's übers Herz bringen, meine Kinder im Walde allein zu lassen, die wilden Tiere würden bald kommen und sie zerreißen.» «O du Narr», sagte sie, «dann müssen wir alle viere Hungers sterben, du kannst nur die Bretter für die Särge hobeln», und ließ ihm keine Ruhe, bis er einwilligte. «Aber die armen Kinder dauern mich doch», sagte der Mann.

Die zwei Kinder hatten vor Hunger auch nicht einschlafen können und hatten gehört, was die Stiefmutter zum Vater gesagt hatte. Gretel weinte bittere Tränen und sprach zu Hänsel: «Nun ist's um uns geschehen.» «Still, Gretel», sprach Hänsel, «gräme dich nicht, ich will uns schon helfen.» Und als die Alten eingeschlafen waren, stand er auf, zog sein Röcklein an, machte die Untertüre auf und schlich sich hinaus. Da schien der Mond ganz helle, und die weißen Kieselsteine, die vor dem Haus lagen, glänzten wie lauter Batzen. Hänsel bückte sich und steckte so viel in sein Rocktäschlein, als nur hinein wollten. Dann ging er wieder zurück, sprach zu Gretel: «Sei getrost, liebes Schwesterchen, und schlaf nur ruhig ein, Gott wird uns nicht verlassen», und legte sich wieder in sein Bett.

Als der Tag anbrach, noch ehe die Sonne aufgegangen war, kam schon die Frau und weckte die beiden Kinder: «Steht auf, ihr Faulenzer, wir wollen in den Wald gehen und Holz holen.» Dann gab sie jedem ein Stückchen Brot und sprach: «Da habt ihr etwas für den Mittag, aber eßt's nicht vorher auf, weiter kriegt ihr nichts.» Gretel nahm das Brot unter die Schürze, weil Hänsel die Steine in der Tasche hatte. Danach machten sie sich alle zusammen auf den Weg nach dem Wald. Als sie ein Weilchen gegangen waren, stand Hänsel still und guckte nach dem Haus zurück und tat das wieder und immer wieder. Der Vater sprach: «Hänsel, was guckst du da und bleibst zurück, hab acht und vergiß deine Beine nicht.» «Ach, Vater», sagte Hänsel, «ich sehe nach meinem weißen Kätzchen, das sitzt oben auf dem Dach und will mir ade sagen.» Die Frau sprach: «Narr, das ist dein Kätzchen nicht, das ist die Morgensonne, die auf den Schornstein scheint.» Hänsel aber hatte nicht nach dem Kätzchen gesehen, sondern immer einen von den blanken Kieselsteinen aus seiner Tasche auf den Weg geworfen.

Als sie mitten in den Wald gekommen waren, sprach der Vater: «Nun sammelt Holz ihr Kinder, ich will ein Feuer anmachen, damit ihr nicht friert.» Hänsel und Gretel trugen Reisig zusammen, einen kleinen Berg hoch. Das Reisig ward angezündet, und als die Flamme recht hoch brannte, sagte die Frau: «Nun legt euch ans Feuer, ihr Kinder, und ruht euch aus, wir gehen in den Wald und hauen Holz. Wenn wir fertig sind, kommen wir wieder und holen euch ab.»

Hänsel und Gretel saßen am Feuer, und als der Mittag kam, aß jedes sein Stücklein Brot. Und weil sie die Schläge der Holzaxt hörten, so glaubten sie, ihr Vater wäre in der Nähe. Es war aber nicht die Holzaxt, es war ein Ast, den er an einen dürren Baum gebunden hatte und den der Wind hin und her schlug. Und als sie so lange gesessen hatten, fielen ihnen die Augen vor Müdigkeit zu, und sie schliefen fest ein. Als sie endlich erwachten, war es schon finstere Nacht. Gretel fing an zu weinen und sprach: «Wie sollen wir nun aus dem Wald kommen!» Hänsel aber tröstete sie: «Wart nur ein Weilchen, bis der Mond aufgegangen ist, dann wollen wir den Weg schon finden.» Und als der volle Mond aufgestiegen war, so nahm Hänsel sein Schwesterchen an der Hand und ging den Kieselsteinen nach, die schimmerten wie neu geschlagene Batzen und zeigten ihnen den Weg. Sie gingen die ganze Nacht hindurch und kamen bei anbrechendem Tag wieder zu ihres Vaters Haus. Sie klopften an die Tür, und als die Frau aufmachte und sah, daß es Hänsel und Gretel war, sprach sie: «Ihr bösen Kinder, was habt ihr so lange im Walde geschlafen, wir haben geglaubt, ihr wolltet gar nicht wiederkommen.» Der Vater aber freute sich, denn es war ihm zu Herzen gegangen, daß er sie so allein zurückgelassen hatte.

Nicht lange danach war wieder Not in allen Ecken, und die Kinder hörten, wie die Mutter nachts im Bette zu dem Vater sprach: «Alles ist wieder aufgezehrt, wir haben noch einen halben Laib Brot, hernach hat das Lied ein Ende. Die Kinder müssen fort, wir wollen sie tiefer in den Wald hineinführen, damit sie den Weg nicht wieder herausfinden; es ist sonst keine Rettung für uns.» Dem Mann fiel's schwer aufs Herz, und er dachte: «Es wäre besser, daß du den letzten Bissen mit deinen Kindern teiltest.» Aber die Frau hörte auf nichts, was er sagte, schalt ihn und machte ihm Vorwürfe. Wer A sagt, muß auch B sagen, und weil er das erstemal nachgegeben hatte, so mußte er es auch zum zweitenmal.

Die Kinder waren aber noch wach gewesen und hatten das Gespräch mit angehört. Als die Alten schliefen, stand Hänsel wieder auf, wollte hinaus und Kieselsteine auflesen, wie das vorigemal, aber die Frau hatte die Tür verschlossen, und Hänsel konnte nicht heraus. Aber er tröstete sein Schwesterchen und sprach: «Weine nicht, Gretel, und schlaf nur ruhig, der liebe Gott wird uns schon helfen.»

Am frühen Morgen kam die Frau und holte die Kinder aus dem Bette. Sie erhielten ihr Stückchen Brot, das war aber noch kleiner als das vorigemal. Auf dem Wege nach dem Wald bröckelte es Hänsel in der Tasche, stand oft still und warf ein Bröcklein auf die Erde. «Hänsel, was stehst du und guckst dich um», sagte der Vater, «geh deiner Wege.» «Ich sehe nach meinem Täubchen, das sitzt auf dem Dache und will mir ade sagen», antwortete Hänsel. «Narr», sagte die Frau, «das ist dein Täubchen nicht, das ist die Morgensonne, die auf den Schornstein oben scheint.» Hänsel aber warf nach und nach alle Bröcklein auf den Weg.

Die Frau führte die Kinder noch tiefer in den Wald, wo sie ihr Lebtag noch nicht gewesen waren. Da ward wieder ein großes Feuer angemacht, und die Mutter sagte: «Bleibt nur da sitzen, ihr Kinder, und wenn ihr müde seid, könnt ihr ein wenig schlafen: wir gehen in den Wald und hauen Holz, und abends, wenn wir fertig sind, kommen wir und holen euch ab.» Als es Mittag war, teilte Gretel ihr Brot mit Hänsel, der sein Stück auf den Weg gestreut hatte. Dann schliefen sie ein, und der Abend verging, aber niemand kam zu den armen Kindern. Sie erwachten erst in der finstern Nacht, und Hänsel tröstete sein Schwesterchen und sagte: «Wart nur, Gretel, bis der Mond aufgeht, dann werden wir die Brotbröcklein sehen, die ich ausgestreut habe, die zeigen uns den Weg nach Haus.» Als der Mond kam, machten sie sich auf, aber sie fanden kein Bröcklein mehr, denn die vieltausend Vögel, die im Walde und im Felde umherfliegen, die hatten sie weggepickt. Hänsel sagte zu Gretel: «Wir werden den Weg schon finden», aber sie fanden ihn nicht. Sie gingen die ganze Nacht und noch einen Tag von Morgen bis Abend, aber sie kamen aus dem Wald nicht heraus, und waren so hungrig, denn sie hatten nichts als die paar Beeren, die auf der Erde standen. Und weil sie so müde waren, daß die Beine sie nicht mehr tragen wollten, so legten sie sich unter einen Baum und schliefen ein.

Nun war's schon der dritte Morgen, daß sie ihres Vaters Haus verlassen hatten. Sie fingen wieder an zu gehen, aber sie gerieten immer tiefer in den Wald, und wenn nicht bald Hilfe kam, so mußten sie verschmachten. Als es Mittag war, sahen sie ein schönes schneeweißes Vöglein auf einem Ast sitzen, das sang so schön, daß sie stehenblieben und ihm zuhörten. Und als es fertig war, schwang es seine Flügel und flog vor ihnen her, und sie gingen ihm nach, bis sie zu einem Häuschen gelangten, auf dessen Dach es sich setzte, und als sie ganz nah herankamen, so sahen sie, daß das Häuslein aus Brot gebaut war und mit Kuchen gedeckt; aber die Fenster waren von hellem Zucker. «Da wollen wir uns dranmachen», sprach Hänsel, «und eine gesegnete Mahlzeit halten. Ich will ein Stück vom Dach essen, Gretel, du kannst vom Fenster essen, das schmeckt süß.» Hänsel reichte in die Höhe und brach sich ein wenig vom Dach ab, um zu versuchen, wie es schmeckte, und Gretel stellte sich an die Scheiben und knuperte daran. Da rief eine feine Stimme aus der Stube heraus:

«Knuper, knuper, kneischen,
wer knupert an meinem Häuschen?»

Die Kinder antworteten:

«Der Wind, der Wind,
das himmlische Kind»,

und aßen weiter, ohne sich irremachen zu lassen. Hänsel, dem das Dach sehr gut schmeckte, riß sich ein großes Stück davon herunter, und Gretel stieß eine ganze runde Fensterscheibe heraus, setzte sich nieder und tat sich wohl damit. Da ging auf einmal die Türe auf, und eine steinalte Frau, die sich auf eine Krücke stützte, kam herausgeschlichen. Hänsel und Gretel erschraken so gewaltig, daß sie fallen ließen, was sie in den Händen hielten. Die Alte aber wackelte mit dem Kopfe und sprach: «Ei, ihr lieben Kinder, wer hat euch hierhergebracht? Kommt nur herein und bleibt bei mir, es geschieht euch kein Leid.» Sie faßte beide an der Hand und führte sie in ihr Häuschen. Da ward gutes Essen aufgetragen. Milch und Pfannekuchen mit Zucker, Äpfel und Nüsse. Hernach wurden zwei schöne Bettlein weiß gedeckt, und

Hänsel und Gretel legten sich hinein und meinten, sie wären im Himmel.

Die Alte hatte sich nur so freundlich angestellt, sie war aber eine böse Hexe, die den Kindern auflauerte, und hatte das Brothäuslein bloß gebaut, um sie herbeizulokken. Wenn eins in ihre Gewalt kam, so machte sie es tot, kochte es und aß es, und das war ihr ein Festtag. Die Hexen haben rote Augen und können nicht weit sehen, aber sie haben eine feine Witterung, wie die Tiere, und merken's, wenn Menschen herankommen. Als Hänsel und Gretel in ihre Nähe kamen, da lachte sie boshaft und sprach höhnisch: «Die habe ich, die sollen mir nicht wieder entwischen.» Frühmorgens, ehe die Kinder erwacht waren, stand sie schon auf, und als sie beide so lieblich ruhen sah, mit den vollen roten Backen, so murmelte sie vor sich hin: «Das wird ein guter Bissen werden.» Da packte sie Hänsel mit ihrer dürren Hand und trug ihn in einen kleinen Stall und sperrte ihn mit einer Gittertüre ein; er mochte schreien, wie er wollte, es half ihm nichts. Dann ging sie zur Gretel, rüttelte sie wach und rief: «Steh auf, Faulenzerin, trag Wasser und koch deinem Bruder etwas Gutes, der sitzt draußen im Stall und soll fett werden. Wenn er fett ist, so will ich ihn essen.» Gretel fing an, bitterlich zu weinen, aber es war alles vergeblich, sie mußte tun, was die böse Hexe verlangte.

Nun ward dem armen Hänsel das beste Essen gekocht, aber Gretel bekam nichts als Krebsschalen. Jeden Morgen schlich die Alte zu dem Ställchen und rief: «Hänsel, streck deinen Finger heraus, damit ich fühle, ob du bald fett bist.» Hänsel streckte ihr aber ein Knöchlein heraus, und die Alte, die trübe Augen hatte, konnte es nicht sehen, und meinte, es wären Hänsels Finger, und verwunderte sich, daß er gar nicht fett werden wollte. Als vier Wochen herum waren, und Hänsel immer mager blieb, da überkam sie die Ungeduld, und sie wollte

nicht länger warten. «Heda, Gretel», rief sie dem Mädchen zu, «sei flink und trag Wasser: Hänsel mag fett oder mager sein, morgen will ich ihn schlachten und kochen.» Ach, wie jammerte das arme Schwesterchen, als es das Wasser tragen mußte, und wie flossen ihm die Tränen über die Backen herunter! «Lieber Gott, hilf uns doch», rief sie aus, «hätten uns nur die wilden Tiere im Wald gefressen, so wären wir doch zusammen gestorben.» «Spar nur dein Geplärre», sagte die Alte, «es hilft dir alles nichts.»

Frühmorgens mußte Gretel heraus, den Kessel mit Wasser aufhängen und Feuer anzünden. «Erst wollen wir backen», sagte die Alte, «ich habe den Backofen schon eingeheizt und den Teig geknetet.» Sie stieß das arme Gretel hinaus zu dem Backofen, aus dem die Feuerflammen schon herausschlugen. «Kriech hinein», sagte die Hexe, «und sieh zu, ob recht eingeheizt ist, damit wir das Brot hineinschießen können.» Und wenn Gretel darin war, wollte sie den Ofen zumachen, und Gretel sollte darin braten, und dann wollte sie's auch aufessen. Aber Gretel merkte, was sie im Sinn hatte, und sprach: «Ich weiß nicht, wie ich's machen soll; wie komm ich da hinein?» «Dumme Gans», sagte die Alte, «die Öffnung ist groß genug, siehst du wohl, ich könnte selbst hinein», krappelte heran und steckte den Kopf in den Backofen. Da gab ihr Gretel einen Stoß, daß sie weit hineinfuhr, machte die eiserne Tür zu und schob den Riegel vor. Hu! da fing sie an zu heulen, ganz grauselich; aber Gretel lief fort, und die gottlose Hexe mußte elendiglich verbrennen.

Gretel aber lief schnurstracks zum Hänsel, öffnete sein Ställchen und rief: «Hänsel, wir sind erlöst, die alte Hexe ist tot.» Da sprang Hänsel heraus, wie ein Vogel aus dem Käfig, wenn ihm die Türe aufgemacht wird. Wie haben sie sich gefreut, sind sich um den Hals gefallen, sind herumgesprungen und haben sich geküßt! Und weil sie sich nicht mehr zu fürchten brauchten, so gingen sie in das Haus der Hexe hinein, da standen in allen Ekken Kasten mit Perlen und Edelsteinen. «Die sind noch besser als Kieselsteine», sagte Hänsel und steckte in seine Taschen, was hinein wollte, und Gretel sagte: «Ich will auch etwas mit nach Haus bringen», und füllte sich sein Schürzchen voll. «Aber jetzt wollen wir fort», sagte Hänsel, «damit wir aus dem Hexenwald herauskommen.» Als sie aber ein paar Stunden gegangen waren, gelangten sie an ein großes Wasser. «Wir können nicht hinüber», sprach Hänsel, «ich sehe keinen Steg und keine Brücke.» Hier fährt auch kein Schiffchen», antwortete Gretel, «aber da schwimmt eine weiße Ente, wenn ich die bitte, so hilft sie uns hinüber.» Da rief sie:

«Entchen, Entchen,
da steht Gretel und Hänsel.
Kein Steg und keine Brücke,
nimm uns auf deinen weißen Rücken.»

Das Entchen kam auch heran, und Hänsel setzte sich auf und bat sein Schwesterchen, sich zu ihm zu setzen. «Nein», antwortete Gretel, «es wird dem Entchen zu schwer, es soll uns nacheinander hinüberbringen.» Das tat das gute Tierchen, und als sie glücklich drüben waren und ein Weilchen fortgingen, da kam ihnen der Wald immer bekannter und immer bekannter vor, und endlich erblickten sie von weitem ihres Vaters Haus. Da fingen sie an zu laufen, stürzten in die Stube hinein und fielen ihrem Vater um den Hals. Der Mann hatte keine frohe Stunde gehabt, seitdem er die Kinder im Walde gelassen hatte, die Frau aber war gestorben. Gretel schüttete sein Schürzchen aus, daß die Perlen und Edelsteine in der Stube herumsprangen, und Hänsel warf eine Handvoll nach der andern aus seiner Tasche dazu. Da hatten alle Sorgen ein Ende, und sie lebten in lauter Freude zusammen. Mein Märchen ist aus, dort läuft eine Maus, wer sie fängt, darf sich eine große, große Pelzkappe daraus machen.

Tiefenpsychologische Deutung

Von Armut und Armseligkeit oder: Verstoßen wider Willen

Ohne Zweifel ist es dieser Abschluß, der vor allem bei kindlichen Zuhörern den stärksten, den *tröstlichsten* Eindruck hinterläßt: Der Vater hat doch seine Kinder lieb! Er ist voller Freude, als sie endlich zurückkehren! Sie sind bei ihm nicht verstoßen, sie bedeuten in Wirklichkeit – die mitgebrachten Perlen beweisen es – einen ungeahnten Reichtum für ihn. Und selbst die schlimmsten Schrecken können das späte Glück nicht hindern. – Eine solche Botschaft macht Mut; *die* aber ist für ein «Hänsel», weiß Gott, auch vonnöten!

Denn man wird das Schicksal eines Jungen, wie er in der Geschichte von *Hänsel und Gretel* sich darstellt, wohl nur verstehen, wenn man, ganz wörtlich zur Einleitung der Erzählung der Brüder Grimm, sich vorstellt, was *Armut* bedeutet. Gewiß, sie tritt als erstes *sozial* in Erscheinung: Menschen haben kein Geld, auch nur das Nötigste zum Unterhalt sich zu beschaffen. Sie leben, wie man so sagt, von der Hand in den Mund. Ständig quält sie die Angst: was wird morgen sein? Eine Krankheit – man kann sie durchleiden! Ein strenger Winter – man kann ihn überleben! Zerrissene Kleidung – man kann sie flicken. Aber Nahrung – sie ist immer knapp.

In der Übergangszone zwischen wirtschaftlicher Armut und völligem sozialem Elend trifft man wohl immer wieder noch Menschen, die womöglich sogar als korpulent und wohlgenährt erscheinen und die gleichwohl versichern, «nichts zum Essen zu haben». Und wirklich: sie haben, wie Wüstentiere am Wasserloch, am jeweils Ersten des Monats, am Zahltag, stets alles auf einmal hinuntergeschlungen – um gegen die Zeit der Entbehrung besser gerüstet zu sein; sie essen, was sie irgend nur auftreiben können, weil all ihr Denken um das Zuwenig an Nahrung kreist. Doch nur ein wenig unterhalb dieser Schwelle beginnt die wirkliche Armut, das tatsächliche Hungern am Rande des Existenzminimums.

Im heutigen Europa schwer vorstellbar, malen die Märchen und Sagen der Völker in dramatischen Strichen immer von neuem gerade *diese* Situation: das Hungern und das *Verhungern*. Wie magisch zieht dieses Thema die Aufmerksamkeit an, vollzieht sich doch an gerade dieser Stelle der Umschlag von sozialer Not zu biologischer Zerstörung: Irgendwann greift die Mangelversorgung des Körpers an Nährstoffen auf die Körperorgane über; das Herz zieht sich tropfenförmig zusammen, die Durchblutung auch des Gehirns erfolgt nur noch unzureichend; ständiges Frieren, chronische Müdigkeit, das Blauwerden der Lippen, das Absterben der Extremitäten, ein Leben nur noch wie Haut und Knochen, so daß jeder Schritt wehtut, daß das Sitzen schmerzt und nur das Liegen Erleichterung schafft, – das ist dem Wesen nach *Hunger*.

Doch der Prozeß der Auszehrung bleibt selbst beim Körper nicht stehen.

Natürlich, die Physis wehrt sich gegen ihren fortschreitenden Verfall, doch ebenso bald schon auch die menschliche Psyche. Alles wird für einen Menschen, der Hunger leidet, von einem bestimmten Stand der Entkräftung an zu einer unerträglichen Bürde, – er *muß* versuchen, sie abzuschütteln. Der Punkt ist erreicht, an dem die biologische Schwäche als *psychische Abwehr*, als Verlangen nach Alleinsein sich geltend macht: jeder andere Mensch, einfach weil es ihn gibt, verbraucht schon durch sein forderndes Dasein gerade die Energie, deren der eigene Körper so dringend bedürfte; der bloße Kontakt bereits zu einem anderen Menschen, ein einzelnes Gespräch auch nur, geschweige denn eine Bitte, geschweige denn ein neues Problem, verzehrt zuviel an den noch verbliebenen physischen Kräften. Ruhe und Einsamkeit, – nichts hören, nichts sehen, Schutz vor allem durch Distanz und Vermeidung – so befiehlt es der Körper, und so will es jetzt auch die Seele.

Aber da hinein nun *ein Kind!* Das ist es, was das Märchen von *Hänsel und Gretel* bereits als Ausgangsbedingung uns schildert!

Zum Grundgefühl eines «Hänsels» gehört das quälende Empfinden elementarer *Verneinung*. Wie anders etwa begegnet uns in Engelbert Humperdincks gleichnamiger Märchenoper[9] bereits in der Eingangsszene die Gestalt der Kinder, die, statt den Eltern, wie befohlen, mit Besenbinden zu helfen, vergnügt im Reigen umherspringen: «Brüderchen, komm tanz mit mir» – wie unbeschwert frei gibt sich dort das Leben in dem armseligen Häuschen am Waldrand! Schon wartet der Reisbrei als Abendessen auf diese Opern-Kinder; erst als die Mutter, ärgerlich über die Untätigkeit, ihre beiden Rangen verprügeln will und dabei den Reistopf umstürzt, müssen die Kinder auf der Suche nach einem geeigneten Abendessen zum Beerensuchen in den Wald gehen und geraten so in den Bannkreis der «Knusperhexe». Fast hat man den Eindruck, als verlege sich in diesem Libretto die Nostalgie des städtischen Bürgertums zurück in das Klischee einer Arme-Leute-Idylle, in deren Welt anscheinend allein noch «Märchen» zu spuken vermögen.

Indessen schildert das Grimmsche Märchen von *Hänsel und Gretel* alles andere als einen romantischen Kindertraum, vielmehr beschreibt es in unerhörter Eindringlichkeit, mit Hilfe freilich von Bildern der Romantik, den realen Alptraum, den es *bedeuten* kann, *arm* zu sein: Für ein Kind, das in einem Arme-Leute-Haus aufwächst, bedeutet es, *lästig* zu sein, *unerträglich* lästig sogar. Auf der Welt zu sein ist identisch damit, essen zu müssen, sich kleiden zu müssen, atmen zu müssen, ein Haus

bewohnen zu müssen ... Leben, das heißt, unablässig der Welt *Energie* zu entnehmen, um damit das «Fließgleichgewicht»[10] des eigenen «Haushalts» aufrechtzuerhalten; *Kind* zu sein aber, das heißt, beschützt sein zu wollen, Geborgenheit spüren zu mögen, weinen und lachen zu dürfen, spielen zu wollen und Raum zur Entfaltung zu finden. Armut hingegen – das ist Mangel und Enge in jeder Form. Im Felde der Armut verwandeln sich alle sonst selbstverständlichen Kinderbedürfnisse und Kinderwünsche in unerträgliche, weil mit der Wirklichkeit unverträgliche Zumutungen. In eine Welt zu fallen, in der *alles* mangelt und fehlt, ist deshalb das gleiche, wie sich selber als mangel- und fehlerhaft, als ständig *schuldig* zu fühlen.

Wohl sprechen alle Religionen und Weisheitslehren der Menschheit vom *Segen* der Armut, von der *Tugend* der Armut, von der *Freiheit* und *Menschlichkeit,* die in der Armut liegen können, und sie empfehlen es geradewegs, arm zu werden oder zu bleiben; doch meinen sie, richtig verstanden, nicht die Heiligsprechung von Elend und Unglück, und sie erheben, zumindest außerhalb eines gewissen dogmatischen Fanatismus, durchaus nicht die mutwillige Selbstzerstörung zum Willen eines unmutigen Gottes. Vielmehr möchten sie, daß Menschen das Gefühl ihrer Minderwertigkeit und Nichtakzeptiertheit nicht länger auf rein äußere Weise, mit Hilfe von Geld und von Macht, überwinden[11]; sie stellen grundsätzlich die Neigung in Frage, Fragen des Seins durch Exzesse des Habens zu beantworten.[12] Wie aber soll ein Mensch glauben, in seinem Leben *berechtigt* zu sein, wenn er bereits unter dem Druck sozialer Not die bloße Tatsache seiner Existenz als etwas Ungehöriges, Unnützes, ja, Schädliches und Schändliches erleben muß? Man müsse, meinte Georges Bernanos in seinem Tagebuch eines Landpfarrers, «die Armen die Armut ... lehren»[13]; wie aber soll das geschehen, es sei denn, man ginge erst einmal der *Wirkung* nach, in welcher die soziale, die physische Armut der eigenen Eltern sich in der Seele schon eines Kindes in die psychische Armseligkeit des gesamten eigenen Daseinsgefühls verwandelt? «Nichts ist ... leichter», erklärte der französische Schriftsteller, «als ihnen (sc. den Armen, d. V.) beizubringen, die Armut sei eine Art schimpflicher Krankheit, zivilisierter Völker unwürdig, und wir seien im Begriff, sie im Handumdrehen von einer derartigen Schmutzerei zu befreien.»[14] In der Tat, es ist alles viel schwieriger, denn es geht um die Armut der Seele.

Gewiß, schon das natürliche Mitleid drängt dazu, das Elend der Armut zu bekämpfen. Doch wird man bald feststellen müssen, daß es durchaus nicht genügt, die äußeren Lebensumstände zu bessern, es gilt, den Menschen von innen her ihre Würde zurückzuschenken. Die *Religion* kann dabei eine wichtige Hilfe bilden; sie kann die «Reichen» vom Fetisch ihres Besitzes befreien, der wieder andere Menschen in Not und in Elend gefangenhält; das *soziale* Engagement kann, so mühsam auch immer, die schlimmsten Formen von Unrecht und Ausbeutung in den äußeren Lebensbedingungen nach und nach zurückdrängen; doch die eigentliche Herausforderung für Arm wie für Reich bildet die *Armut der Seele*, diese wie schicksalhaft erfahrene Erniedrigung des Selbstwertgefühls, diese Imprägnation der gesamten Existenz mit einer fundamentalen Verweigerung.

Nichts im Leben eines Jungen von «Hänsel»-Art ist ohne den Hintergrund solcher Not und Entbehrung verstehbar. Freilich, weil es um die Armut *der Seele* geht, ist es nicht einmal nötig, im Umfeld rein materieller Mangelzustände stehen zu bleiben. Es genügt, sich im Leben eines «Hänsels» eine Mutter vorzustellen, die sich selber am Rand ihrer Kräfte fühlt: – sie meint es nur gut, doch so geht es nicht weiter! Sie kann ganz einfach nicht mehr! Ihr Kind ist *zuviel!* In jedes anderen Menschen Leben würde es passen, doch nicht mehr in ihres. Es sind ihre Nerven, es ist ihr Herz, es ist ihre eigene Kindheit mitsamt all der Hypothek von Depressionen und Schatten, die sie seither verfolgen, – fast scheint es, als hätte *dieses* Kind niemals zur Welt kommen dürfen! Wie aber leben mit diesem Gefühl? Jede Mutter der Welt wird *dagegen* ankämpfen. Sie wird ihr Schuldgefühl für solche Gefühlsregungen tapfer ins Gegenteil zu drücken suchen. Sie wird sich *sorgen* um ihren Jungen, sie wird ihn, den ungelegenen, sich ganz besonders angelegen sein lassen, sie wird ihren Mangel an ursprünglichem Wohlwollen mit einem Maximum an gutem Willen zu überspielen suchen. Und doch entsteht auf diese Weise nur ein Teufelskreis aus Mögen und Unvermögen, aus Pflicht und aus Flucht, aus Schuldigbleiben und Schuldigwerden – eine Spaltung im Ich, ein Widerstreit der Gefühle, der alles durchzieht.

«Meine Mutter war einfach selber am Rande, als ich zur Welt kam», erklärte ein solcher «*Hänsel*»-Junge. «Sie konnte furchtbar strafen und zerschlug einen Kochlöffel nach dem anderen auf meinem Rücken. Dabei hatte ich sie so lieb, und ich hätte alles für sie getan. Und auch sie tat alles, was sie nur konnte; aber es reichte nicht aus…»

Der Zwiespalt von «Mutter» und «Vater» oder: Die Umkehr der Gefühle

«Weißt du was, Mann», antwortete die Frau, «wir wollen… die Kinder hinaus in den Wald führen, wo er am dicksten ist: da machen wir ihnen ein Feuer an und geben jedem noch ein Stückchen Brot, dann gehen wir an unsere Arbeit und lassen sie allein. Sie finden den Weg nicht wieder nach Haus, und wir sind sie los.» – Welch eine Frau auf Erden spräche schon *freiwillig* solche Worte! Und doch geschieht etwas Ähnliches schon rein äußerlich immer wieder: Menschen werfen alljährlich *Tiere* auf die Straße – zu Zehntausenden, es genügt, daß die Ferien beginnen; und manchmal entledigen sie sich auch eines *Kindes.* «Ein Mädchen, das in München ausgesetzt wurde, gibt der Polizei Rätsel auf», meldete die *Deutsche Presseagentur* am 28. Oktober 1996; das «Rätsel» hat eine sichere Lösung schon im voraus: die Not einer Mutter, die völlig überfordert ist oder zumindest subjektiv sich so fühlt. Es mag sein und, gewiß, es wird wohl so sein, daß sich die «Gerichte» bald schon des «Falles» «annehmen», daß sie die «Schuldfähigkeit» und die «Schuld» der Betreffenden «prüfen» und hernach das «Strafmaß» für den «Tatbestand» «grob fahrlässigen Verhaltens» «in Tateinheit» mit einer «nicht auszuschließenden Tötungsabsicht» auf etliche Jahre Gefängnis festsetzen. Wer aber von den so «Richtenden» wäre imstande, sich in die Ausweglosigkeit eines Menschen hineinzuversetzen, der *verstößt,* was er liebt, nur weil er es nicht mehr beschützen kann?

«So geschieht es in Familien, die vor dem Hungertode stehen», schrieb schon vor 120 Jahren der russische Dichter F. M. DOSTOJEWSKI, «daß die Eltern ihre Kinder, diese von ihnen am meisten geliebten Wesen, zu hassen anfangen, wenn die Qual dieser Kinder zu unerträglich wird, eben wegen der *Unerträg-lichkeit* ihrer Qualen.»[15] Doch wer von den Leuten mit den «gußeisernen Begriffen» sollte das verstehen? Nur ausnahmsweise geschah es, daß die Genialität der Einfühlung und des menschlichen Verständnisses eines DOSTOJEWSKI in dem berühmten Fall der *Kornilowa*[16] das schon gefaßte Urteil der Richter umzustoßen vermochte; und doch ist gerade dieser «Fall» für uns lehrreich zum Verständnis einer (und jeder) «Hänsel-und-Gretel»-Mutter.

Eine erst 20jährige schwangere Frau war damals von einem Geschworenengericht zu zwanzigjähriger Zwangsarbeit in Sibirien verurteilt worden, weil sie ihr sechsjähriges Stieftöchterchen aus dem Fenster des vierten Stockwerkes gestoßen hatte; wie durch ein Wunder war das Kind unverletzt geblieben, doch die Mordabsicht dieser Frau schien außerhalb jeden vernünftigen Zweifels zu stehen. Nur: wann schon handeln Menschen «vernünftig»? Diese Frau lebte in zweiter Ehe mit einem weit älteren Mann zusammen, der nicht müde wurde, ihr immer wieder die Tugenden seiner ersten, verstorbenen Gattin vor Augen zu stellen. Wie viele Fragen ergeben sich allein schon aus diesen wenigen Zusammenhängen? Wie zum Beispiel kommt eine Frau dazu, einen so viel älteren pedantischen Mann zu heiraten – welch ein Bild ihres eigenen Vaters begleitet sie dabei? Und umgekehrt: was für Erfahrungen aus seiner ersten Ehe möchte der Mann an der Seite seiner neuen Frau wiederholen? Und von welcher Art sind die Enttäuschungen, die unter der Voraussetzung solcher Erwartungen sich geradewegs ergeben müssen, und in welcher Form werden sie bearbeitet? Deutlich scheint, daß die Frau mit ihrem eigenen Kind, das sie zur Welt bringen soll, bei ihrem Mann sich nicht beschützt, nicht geborgen und nicht verstanden fühlt. Sie ist nicht (wie) die Mutter jenes ersten Kindes, ihrer Stieftochter, sie ist «nur» die Mutter ihres eigenen neuen Kindes, und folgt man den vorwurfsvollen Worten ihres Gatten, so wird sie dieses Kind niemals so erziehen, wie seine erste Frau es getan hätte; den Beweis dafür aber liefert eben dieses sechsjährige Mädchen, dem sie angeblich niemals sein und geben wird, was sie ihm sein und geben möchte. Natürlich möchte sie zu ihrem künftigen Kinde so gut als nur eben möglich sein, und sie wäre es wohl auch, gäbe es nicht diese andere Tochter, an der ihr immer wieder nach einem fremden Maßstab gezeigt wird, daß sie als Mutter doch nicht wirklich taugt. Überfordert schon mit den Streitereien um ihre Stieftochter, erfüllt von dem Wunsch, als Mutter ihr Bestes zu geben, wird ihr die bevorstehende Geburt eines weiteren Kindes zu einem nicht lösbaren Konflikt. Wenn sie ganz neu beginnen könnte, unbelastet von allem…, ja, dann möchte es gehen! Doch gerade so entsteht das Paradox: Indem sie ihr Stiefkind verstößt, möchte sie eigentlich ihrer Aufgabe als Mutter so gewissenhaft wie nur möglich und vor allem: unbelastet von den ständigen Vorwürfen ihres Mannes gerecht werden. Nicht Kinderfeindlichkeit und primitive Mordgelüste veranlassen diese Frau, ihre Stieftochter aus dem Fenster zu stoßen, sondern weit eher treibt sie eine sogar besonders starke Liebe zu dem noch ungeborenen Kind, dem sie sich ganz und ungeteilt widmen möchte; die Abwehr, den «Haß» gegenüber ihrer Stieftochter (und ihrem Mann) indessen hat sie gänzlich *verdrängt*, sie fühlt ihn gar nicht; doch um so gewaltsamer bricht der Konflikt in ihrer Seele sich Bahn. – Die «Logik» derartiger Gefühlsbrechungen im Unbewußten aber – vor welch einem Gericht der Welt fände sie, selbst am Ende des 20. Jahrhunderts, Anerkennung und Würdigung?

DOSTOJEWSKI argumentierte damals denn auch weit «einfacher», wenngleich in vollkommen richtiger Ahnung der Gegensätze, an denen Frau *Kornilow* litt. Sie *wollte* nichts Böses tun, sie war keine schlechte Mutter, – *das* stand DOSTOJEWSKI fest, nur schon als er von dem Fall in der Zeitung erfuhr. Im *«Tagebuch eines Schriftstellers»* griff er das bereits ergangene Urteil denn auch sogleich auf – und griff es an! Er vertrat die Meinung, es handele sich um eine Tat, die in geistiger Verwirrung begangen worden sei, und machte geltend, daß so etwas nur im Zustand der Schwangerschaft sich habe ereignen können, kurz, es sei gar nicht möglich, das Geschehene zu verstehen, ohne die widersprüchlichen Gefühle einer sogar besonders pflichtbewußten und wohlmeinenden Mutter vor der Zeit ihrer Niederkunft zu berücksichtigen. Er, DOSTOJEWSKI, jedenfalls gebe sich überzeugt, daß Frau *Kornilow* ihre Tat selbst nicht verstehe, sie sei darüber gewiß entsetzt und werde ihr Leben lang ihren Kindern eine aufopferungsvolle treue Mutter sein; nichts hingegen sei damit gewonnen, durch ein solches Urteil wie das bestehende die Kinder zu Waisen und eine Verzweifelte zu einer endgültig Verstoßenen zu machen. – Tatsächlich fanden sich DOSTOJEWSKIS Mußmaßungen, als er die *Kornilowa* besuchte, vollauf bestätigt, und es gelang ihm sogar, die öffentliche Meinung und schließlich auch das Gericht von seiner Auffassung zu überzeugen. Die Frau, die ihr Kind, allem Anschein nach, *weggewünscht* und in den Tod gestoßen hatte, wurde als nicht-schuldig freigesprochen!

Das Maß an Verständnis, das wir aufwenden müssen, um eine Mutter zu verstehen, wie das Märchen von *Hänsel und Gretel* sie uns schildert, kann gewiß nicht geringer sein als im Fall der *Kornilowa*. In den Begriffen des bürgerlichen Strafrechts können wir sie kaum anders «beurteilen» denn als eine gefühlskalte, egoistische, pflichtvergessene Mörderin. Doch selbst wenn wir auch nur erst von einem solchen «Anfangsverdacht» ausgingen, so müßten wir doch bald schon – und gerade dann! – auf eine Reihe von Sonderbarkeiten stoßen: Warum zum Beispiel, wenn diese Frau schon ihre Kinder, «Hänsel» und «Gretel», in den Tod stoßen will, schreitet sie nicht einfach selber zur Tat? Wie, davor scheut sie zurück? Sie möchte nur *passiv* ihren Tod herbeiführen, nicht aktiv? Sie möchte die Kinder womöglich gar nicht wirklich ermorden, sie möchte sie nur ganz einfach *loswerden*? Schon damit bräche der «Mordvorwurf» vor Gericht zusammen und verwandelte sich gegebenenfalls in den Vorwurf fahrlässiger Tötung. Doch selbst dann! Diese Frau leidet akut unter Nahrungsmangel, sie hat nichts zu essen und zu beißen, – eben das, so hören wir, bildet für sie ja den Grund, ihre Kinder zu verstoßen; wie aber kommt es dann, daß sie selbst in solcher Lage noch hingeht, um, ähnlich der Witwe von Sarepta in der Bibel (1 Kg 17,12), den letzten Bissen Brots mit ihren Kindern zu teilen? Könnte sie nicht, wie die Mutter in HUMPERDINCKS Oper, die Kinder wenigstens zum Beerensuchen in den Wald schicken? Stattdessen sollen sie an dem eigens für sie angelegten Feuer sich sattessen und zufrieden einschlafen! Handelt so eine «kaltblütige», gleichgültige Mörderin? Läßt sich, im Gegenteil, überhaupt noch deutlicher sagen, wie sehr in dieser Frau alles einander widerspricht? Oder sollten wir wirklich, die Anklage verstärkend, von ihr denken, das alles tue sie nur in besonderer Hinterhältigkeit und Gemeinheit? Wohl, das GRIMMSCHE Märchen stellt diese Frau als eine eiskalt Berechnende dar, – ausführlich schildert es, wie sie den Plan entwickelt, nach dem sie ihrer Kinder sich zu entledigen gedenkt; doch spricht gegen die bloße Mutmaßung auch nur, diese Frau sei ganz einfach skrupellos und gewissenlos, noch einmal und mit Nachdruck die Tatsache, daß sie sogar in ihrer Armut die Kinder bis zum letzten mit dem so nötigen Brot versorgt. Und sind denn die Worte *ihres Mannes* nicht im Grunde auch ihre eigenen? Ist *seine* Stimme nicht gerade so viel wie eine Gegenstimme in ihrem *eigenen* Herzen, wenn er entschieden sagt: «Nein, Frau, das tue ich nicht; wie sollt' ich's übers Herz bringen…»? Freilich erhebt sich in ihr dann doch wieder der Eindruck unabwendbarer Not und Ausweglosigkeit; es wäre «Narretei», *alle* zugrunde gehen zu lassen, wo wenigstens noch die Eltern, zumindest für eine Weile, durch das Opfer der Kinder sich am Leben zu halten vermöchten. Es ist ein Schritt, der mit «Bedauern» getan wird, doch wie ihn «vernünftigerweise» verhindern?

Allerdings muß es verwundern, daß der «harte», «vernünftige», alle Gefühle durch kluge Berechnung niederhaltende Part in dem GRIMMSCHEN Märchen hier von *der Frau* übernommen wird, statt, wie gewohnt, durch den Mann vertreten zu werden. Noch CHARLES PERRAULT in seinem Märchen vom *Däumling* wußte es anders. Er erzählt von einer Frau, die in dreieinhalb Jahren «sieben Kinder, alles Buben», zur Welt gebracht hat; – drei Zwillingsgeburten haben diese Frau zermürbt, und es ist bei der bitteren Armut der Holzfällersfamilie unvermeidbar, daß dieser «Kindersegen» wie eine «Last», ja, man muß sagen: fast wie ein Fluch erfahren wird. Denn die Kinder sind noch zu klein – das Älteste ist erst zehn Jahre alt, das Jüngste gerade erst sieben; keines von ihnen ist imstande, sein Brot selbst zu verdienen. Und als nun gar ein sehr hartes Jahr Einzug hält, da ward die Hungersnot so groß, «daß die armen Leute beschlossen, sich ihrer Kinder zu entledigen». Bei CHARLES PERRAULT ist es nun freilich der *Vater*, der seiner Frau den ungeheuerlichen Vorschlag unterbreitet, die Kinder im Walde auszusetzen; doch selbst bei ihm zeigt allein schon die Begründung, mit der er sein

Vorhaben kommentiert, wie zwiespältig auch er in dieser Lage sich fühlt: «ich», spricht er, «könnte es nicht ertragen, sie (sc. die Kinder) vor meinen Augen verhungern zu sehen». Das klingt der Schilderung nach noch verzweifelter als die Worte der Frau in dem GRIMMSCHEN Märchen. Diesem Mann geht es nicht mehr, wie der Mutter von «Hänsel» und «Gretel», um einen gewissen Restbetrag an Überlebenshoffnung im Falle, daß die Kinder nicht die ohnedies zu kargen Rationen gänzlich aufzehren; diesen Mann zwingt das reine *Mitleid,* seine Kinder, wenn sie schon verhungern müssen, *allein* sterben zu lassen. Zwar wehrt sich seine Frau gegen ein solches Ansinnen; «sie konnte nicht zustimmen», schreibt CHARLES PERRAULT; «sie war arm, aber sie war ihre Mutter». Doch dann sagt auch er: «Schließlich aber, als sie bedacht hatte, welch einen Schmerz es ihr bereiten würde, zuzusehen, wie ihre Kinder verhungerten, stimmte sie zu und ging weinend zu Bett.»

Ganz offenkundig herrscht da dieselbe Zerrissenheit, die wir auch in der Mutter von *Hänsel und Gretel* glauben annehmen zu sollen, wenngleich die BRÜDER GRIMM, zugegebenermaßen, ihrerseits alles tun, die «gute Mutter» des französischen *Däumling* in ihrer Geschichte als eine rechte Hexe erscheinen zu lassen. In dem GRIMMSCHEN Märchen verkörpert *sie* jene nüchterne «Vernunft», die für gewöhnlich den Männern zugeschrieben wird, und sie vertritt zudem ihren Standpunkt schon in dem Gespräch mit ihrem Gatten erstaunlich rabiat, keine Widerrede duldend; doch selbst dies alles vor Augen: wird nicht gerade durch diese Härte, mit der sie agiert, der Abstand zwischen ihrem wirklichen Wesen und ihrem Gehabe nach außen nur um so deutlicher sichtbar? Spürt man da nicht, wie sie ihre eigenen Gefühle an der Seite ihres schwächlich und ratlos gezeichneten Gatten wie in einem «männlichen Protest»[17] übertönen muß?

Ein Bild, das die Gefühle einer Frau in solcher Lage auf erschütternde Weise zu veranschaulichen vermag, hat im Jahre 1893 LUDWIG DETTMANN gemalt *(Abb. 1)*.[18] Das Bild, das heute im Museum für Kunst und Kulturgeschichte der Hansestadt Lübeck zu besichtigen ist, trägt den Titel *Im Leid* und zeigt eine hochgewachsene Frau im Kleid einer Arbeiterin oder Bäuerin; sie scheint soeben aus dem ärmlichen Hause zu kommen, das auf der rechten Bildseite zu sehen ist und das von innen her grell-rot beleuchtet wird. Was mag dort geschehen sein? Wir wissen es nicht, nur: es muß sich um etwas Schreckliches handeln, etwas, vor dem diese Frau zu fliehen sucht und dem sie doch nicht entrinnen kann, ein ständiges Unglück, das sie gefangenhält. Verzweifelt hat sie ihre Hand vor das Gesicht gelegt, wie um die Augen vor all dem zu schützen, was diese nur allzu lange schon haben mitansehen müssen, und wohl auch, um ihre Tränen vor ihrem Kind, einem etwa sechsjährigen Mädchen, zu verbergen, das sich mit ausgestreckten Ärmchen an sie zu klammern sucht. Diese Frau, so glaubt man zu sehen, besäße für sich allein vielleicht noch die Kraft, sich, wenn auch mühsam, durchs Leben zu schlagen, doch vermag sie das nicht mit diesem Hause des Elends im Hintergrund und nicht mit diesem flehentlich bettelnden Kinde an ihrer Seite. Sie verstößt das Kind nicht, Gott bewahre, doch genügt es auf diesem Bilde, daß sie in ihrem Leide buchstäblich keine Augen mehr für dieses Mädchen hat.

Und jetzt nur einmal auch umgekehrt gefragt: Was empfindet in solchen Augenblicken ein Kind? Das Bild von Ludwig Dettmann zeigt es überaus sensibel und deutlich: Ein Kind, das seine Mutter hilflos weinen sieht, verschmilzt auf das engste mit dieser Frau, die es liebt und die doch sein Leben ist. Es empfindet Angst, Sorge und Fürsorge für diese von so unbegreiflichem Schmerz Gezeichnete. Wenn man ihr doch nur helfen könnte! Wenn man nur wüßte, was sie zu trösten vermöchte! Solange eine Mutter so fühlt, wie es auf diesem Bilde zu sehen ist, solange lagert das Leben eines Kindes an einem Abgrund ohne Geländer. Schon um sich selber zu retten, muß es versuchen, die Mutter zu retten; denn nur wenn diese zu leben vermöchte, dürfte auch das Kind sich wieder in Sicherheit fühlen. «Sei du doch nicht traurig», scheinen denn auch Gestik und Mimik des Mädchens auf Ludwig Dettmanns Bild zu besagen, «ich bin doch auch da, ich, deine Tochter. Denk doch an mich. Spüre, wie ich dich brauche. Du darfst dich nicht gehenlassen. Du darfst noch nicht fortgehen. Halte dich an mir fest, so wie ich mich an dir festhalte. Laß uns einander nie verlassen…»

Das schlimmste am Leid seiner Mutter besteht für ein Kind wohl darin, daß ihr Schmerz sich in seiner Seele in das Gefühl einer vollkommenen Verlassenheit wandelt und daß dieses Gefühl wiederum zu einem um so drängenderen Bedürfnis wird, sich an der Mutter festzuhalten und damit die Mutter selber «festzuhalten». Das Leid der Mutter wird für das Erleben eines Kindes, etymologisch ganz wörtlich, zum *«Elend»,* zum «Land in der Fremde».[19] Angesichts der Gefahr, von seiner Mutter getrennt zu werden, wird es lernen, für sie *Verantwortung* zu übernehmen; es wird sich bemühen, möglichst aufmerksam und hilfsbereit der Not der Mutter entgegenzukommen, – niemals mehr soll sie derart fassungslos weinen! Es wird sich und sie immer wieder ihrer beider unauflösbaren Zusammengehörigkeit versichern, und doch wird es selbst zögern, dieser seiner eigenen Versicherung Glauben zu schenken. Denn irgendwie wird es fühlen, daß es selbst mit dem besten Wollen und selbst mit der äußersten Anstrengung der Not seiner Mutter nicht abhelfen kann. Im Gegenteil, je mehr es sich seiner Mutter als vermeintlich hilfreich in Erinnerung rufen möchte, desto mehr wird es spüren, wie sehr es seiner Mutter zur Last wird. Es ist wie auf diesem Bild: nicht einmal ungehemmt weinen darf eine solche Frau in der Gegenwart ihres Kindes; die *Angst* und der Schmerz, die sie mit ihrer Traurigkeit in seinem Erleben auslösen wird, gleichen der Wucht eines Erdbebens, dessen Verwüstungen sie in alle Zeiten nicht wiedergutmachen könnte. Gerade in den Stunden ihrer größten Not muß eine solche Frau daher *Rücksicht* auf ihr Kind nehmen, das sich an sie hängt, doch wird dadurch das Lastgewicht eines solchen Kindes nur immer unerträglicher.

Aber auch *das* darf eine Frau in solcher Lage sich im Grunde nicht zugeben, wofern sie das Bild einer «guten Mutter» vor sich selber bewahren will. In wie vielen Therapiegesprächen mit Frauen, denen die pure Not das Schicksal einer *«Hänsel-und-Gretel»*-Mutter auferlegte, ist nicht dies die immer wiederkehrende, die am meisten schmerzhafte Selbstanklage, dem Kind keine «gute Mutter» gewesen zu sein. «Ich bin eben eine Rabenmutter», klagte weinend eine solche Frau in Erinnerung an die Kindheit ihrer Tochter; sie sagte es so, wie wenn sie sich selber das Todesurteil spräche, – tonlos, verzweifelt, als eine Feststellung, die keinen Widerspruch duldet. Dabei hatte sie gar keine Wahl gehabt. Als ihre Tochter zur Welt kam, heulten die Alarmsirenen und verkündete der Heeresbericht der «Großdeutschen Wehrmacht» das Vordringen der Roten Armee, ihr Mann galt als vermißt; sie selber mußte versuchen, sich und ihre Familie mit Gelegenheitsarbeiten mühsam am Leben zu halten. Wie hätte sie unter solchen Umständen den Bedürfnissen ihrer Tochter gerecht werden können! Doch es war, als wenn das Gewissen dieser äußerst pflichtbewußten Frau keinerlei Entschuldigung oder Entlastung sich selbst gegenüber gelten lassen wollte. Sie fühlte sich ganz einfach schuldig dafür, daß sie so oft ihrer Tochter so vieles hatte schuldig bleiben müssen; sie hielt es sich vor, daß sie durch so viele Lebensumstände von der notwendigen Zuwendung zu ihrer Tochter abgehalten worden war; und was am schlimmsten wog: sie mußte sich eingestehen, daß sie gerade unter dem Druck der Schuldgefühle, ihrer Tochter nicht *alles* haben geben zu können, nicht selten ärgerlich, ja, wütend und jähzornig gewesen war. Dann hätte sie das Mädchen verwünschen mögen, dann hatte sie Klage geführt, wie Gott sie nur mit einem solchen Kind habe strafen können, und hatte doch genau gewußt, daß dieses Kind sich alle Mühe gab, nur ja nichts «Böses» zu tun. «Meine Tochter war ein so liebes Kind, aber ich habe sie geschlagen, ich habe sie ausgeschimpft, ich habe sie manchmal richtig gehaßt und am liebsten weggewünscht» – so die Vorwürfe und Selbstanschuldigungen dieser Frau noch heute; «sie konnte doch gar nichts dazu», fuhr sie fort; «ich wußte genau, daß ich ihr Unrecht tat, und doch machte ich immer weiter».

«Und haben Sie schon einmal daran gedacht, wie sehr Sie sich selber damals Unrecht getan haben – und heute noch tun?» fragte ich sie.

«Wie?» Sie schien ganz erstaunt.

«Nun», fuhr ich fort, «ich meine, daß Sie nach wie vor, damals und all die fünfzig Jahre danach, viel zu viel von sich verlangt haben und verlangen. Ihre Tochter hätte bestimmt eines Tages verstanden, wie beengt ihre Lebenssituation damals war. Was ihr allerdings zu verstehen nach wie vor schwer fallen wird, ist die scheinbare Pflicht, sich selber stets schlecht fühlen zu sollen, nur weil ihre Mutter sich dafür schlecht fühlt, daß sie von sich selber stets mehr verlangt, als sie unter den vorgefundenen Bedingungen wirklich geben kann. Offenbar befanden Sie sich schon damals in einem steten Teufelskreis von Überforderung und Abwehr.»

«Ja», klagte sie, «ich habe meine Tochter richtig abgelehnt.»

«Und Sie haben sie zugleich über alles geliebt», beharrte ich; «Sie hätten Ihre Tochter niemals ‹abgelehnt›, wie Sie sagen, wenn Sie sie nicht sehr geliebt hätten. Nur weil Sie es so gut meinten, konnten Sie manchmal wohl wirklich ‹böse› werden.»

«Ja, es war so schwer, eine ruhige Einstellung zu finden.»

Dieses Wort sagte alles.

Es gehört zu der Mutter eines *«Hänsel und Gretel»*, daß sie ihr Kind so lieben möchte, wie sie glaubt, es lieben zu müssen, daß sie aber gerade deshalb sich nicht nach ihren wirklichen Gefühlen richtet, sondern ihre Empfindungen oft genug, in einer gewissermaßen «männlichen» Einstellung, dem Diktat ihres Pflichtgefühls unterwirft. In der Folge ergibt sich daraus eine ständige Doppelbödigkeit: man darf nicht fühlen, was man fühlt, man darf nicht sagen, was man fühlt, ja, man muß schließlich *das genaue Gegenteil* von dem sagen, was man fühlt und tut, und umgekehrt, man muß das Gegenteil von dem tun, was man fühlt und sagt.

Der Zwiespalt von Außen und Innen oder: Der Zwang zum ständigen Lügen

Jeder, der die psychische Geschichte der Armut untersucht: ihre Umwandlung von äußerer Verweigerung in das Gefühl von Abgelehntheit, Schuld und Nicht-Berechtigtheit des Daseins, wird über kurz oder lang die zentrale Bedeutung der *Lüge* im einzelnen Verhalten bzw. der *Verlogenheit* in der Grundhaltung gegenüber sich selbst und allen Menschen entdecken. Schon die Natur ist voll von den listigsten Formen der *Mimikry*[20], den gestaltgewordenen Irreführungen gegenüber einem möglichen Beutegreifer oder Beutetier im Kampf ums Überleben. Um wieviel mehr Spielraum besitzt da die Seele eines Menschen! Die wirkliche Tragik in dem GRIMMschen Märchen von *Hänsel und Gretel* aber liegt nicht in den Finten und Tricks, welche die Not zum eigenen Vorteil gebietet, sie liegt in dem Zwang zur Lüge aufgrund der moralischen Unmöglichkeit, die Wahrheit zu sagen![21]

Was denn soll eine Frau in der Situation der Mutter von «Hänsel» und «Gretel» anderes tun, als ihre Kinder einer Fürsorge zu versichern, die sie wohl leisten möchte, aber nicht länger zu leisten imstande ist? Nicht zur Tarnung des eigenen Egoismus – allein zur Kaschierung der tödlichen Härte der unüberwindlichen Not, in der sie sich befindet, «lügt» diese Frau. Und wie sollte sie es vermeiden? Sollte sie ihren Kindern etwa die «Wahrheit» sagen, die da lautet: «Liebe Kinder, ihr seid mir zu viel»? Sollte sie ihnen sagen: «Ihr eßt gerade das Brot auf, das wir selbst, euere Eltern, zum Überleben so dringend benötigen»? Sollte sie ihnen vortragen, was logischerweise unzweifelhaft «richtig» wäre: «Wir, euere Eltern, können als erwachsene Menschen sehr wohl leben ohne euch, immerhin gab es uns schon viele Jahre, ehe ihr geboren wurdet, – nicht aber könnt ihr leben ohne uns; also ist klar, wer von uns vieren, da es ums bloße Überleben geht, den Vorzug verdient»?

Es ist nicht denkbar, daß es auf Erden eine Mutter gibt, die im Vollbesitz noch ihrer geistigen Kräfte in solcher Weise zu ihren Kindern reden würde. Wenn es aber «Wahrheiten» und «richtige» Gedanken gibt, die man durchaus nicht sagen kann, ohne alles zu zerstören, was einem heilig ist, wie soll man dann anders sich verhalten, als zu sagen, was zwar nicht mit der «Wirklichkeit» übereinstimmt, wohl aber mit dem inneren Fühlen und Wünschen? Die Frau, die wir in dem GRIMMschen Märchen vor uns sehen, *liebt* ihre Kinder, so viel steht fest; und es ist ihre Liebe, die sich unter dem Druck einer verzweifelten Armut zur Lüge verformt. Es ist der Widerspruch zwischen «Mann» und «Frau», zwischen «Vater» und «Mutter» in der Geschichte von *Hänsel und Gretel*», es ist der Kontrast von Zuneigung und Abneigung unter der Last des Elends, der sich nach außen hin in der Sprache einer Liebe mitteilt, die innerlich längst schon nicht mehr erfüllt noch erfüllt werden kann.

Man ist gewohnt, in der Lüge ein Phänomen der Unaufrichtigkeit und der Feigheit zu sehen, und gewiß ist es richtig, daß Menschen lügen, die *Angst* haben; die Lüge sei eine intelligente Form der Gewalt, meinte ARTHUR SCHOPENHAUER, und er hielt sie moralisch deshalb für ebenso legitim oder illegitim wie den Gewaltgebrauch selbst[22]; eine Mutter von Kindern wie «Hänsel» und «Gretel» aber «lügt» aus Verantwortungsgefühl, Mitleid und Verbundenheit, und ihre «Lüge» spricht ihre eigentliche Wahrheit unendlich viel klarer aus, als es «die Wahrheit und nichts als die Wahrheit» im Sinne eines «Gerichtsverhörs jemals zu tun vermöchte. Wie oft ist das, was wir «Lüge» nennen, nichts weiter als die Äußerung des *Wunsches*, doch wenigstens so zu sein, wie wir (nicht mehr!) sein können!

«Ich will ein Feuer anmachen, damit ihr nicht friert», sagt diese Frau zu «Hänsel» und «Gretel», und tatsächlich, so tut sie; ihre Kinder sollen es warm haben, zumindest jetzt noch, ein letztes Mal! Sie gibt ihnen von ihrem letzten Brot; ihre Kinder sollen nicht hungern, zumindest nicht vor ihrem *Verhungern*! «Nun ruht euch aus», sagt sie, und so meint sie es auch; ihre Kinder sollen ganz ruhig und beruhigt sein, – ehe sie vor Angst in dem «Walde» vergehn. Die einzige «Lüge», die diese Frau spricht und die all ihre vorangegangenen Worte entwertet, besteht in einem Versprechen, von dem *wir* wohl glauben dürfen, daß sie es nur allzu gern hielte, von dem *sie* aber weiß, daß sie es nicht zu halten vermag: sie werde wiederkommen, um die Kinder heimzuholen.

Und einmal so begonnen, geht es jetzt weiter: Als am Morgen einer langen Nacht zu ihrer Überraschung die Kinder dann doch noch zurückkehren, gelingt dieser «Lügnerin» aus gutem Willen ein wahres Meisterstück des Betrugs, eine gleich *vierfache* Verformung ihrer eigentlichen Empfindungen:

Das *erste* Gefühl einer Mutter, die ihre Kinder endlich aus dem Walde zurückkommen sieht, wird normalerweise Freude und Dankbarkeit sein, doch eben: diese «Normalität» existiert nicht mehr, seitdem die Not ihr Szepter über das Elternhaus von «Hänsel» und «Gretel» geschwungen hat; und sogleich kommt es deshalb zu einer *zweiten* Gefühlsverschiebung: statt, wie sie in jedem anderen Falle wohl täte, besorgt und unruhig auf ihre Kinder zu warten, hat diese Frau sich in der Zwischenzeit verzweifelt an den Gedanken zu gewöhnen versucht, daß sie auf ihre Kinder durchaus nicht mehr zu warten braucht, ja, auf sie schon gar nicht mehr warten *darf!* Und da, «unerwartet» im äußersten Sinne des Wortes, stehen die Kinder vor ihr! Das entsprechende Gefühl *jetzt* wäre Ärger und Zorn: Die so lästigen Kinder melden sich wieder zur Stelle! Der ganze Plan mit all den «tapfer» verdrängten Schuldgefühlen ist erkennbar mißlungen! Statt die Kinder endlich loszuwerden, stehen sie wieder da mit ihren offenen Mäulern und frierenden Händen und betteln wieder um genau die Zuwendung, zu der eigentlich gar keine Kraft mehr besteht! Man könnte sie windelweich schlagen vor Wut, man könnte sie erwürgen vor Empörung. So auf dieser zweiten Schicht der Empfindungen. Was aber tut diese Frau? Sie verstellt zum *dritten* Mal ihre Gefühle, indem sie so spricht, wie sie als «gute Mutter» sprechen müßte und sprechen möchte: – wie ungeduldig sie doch schon auf die Rückkehr der Kinder gewartet hat! Nur kommt der Ärger auf die heimkehrenden Kinder dann doch noch zum Ausdruck: «Ihr bösen Kinder», fährt sie «Hänsel» und «Gretel» an, aber sie fährt nicht fort, wie es eigentlich

fortgehen müßte: «Ihr seid böse, weil ihr wiedergekommen seid, denn ihr zeigt mir, wie böse ich bin und war, daß ich euch habe loswerden wollen; – begreift doch endlich: ich möchte euch gut sein, aber ich kann es nicht, ich *kann* es nicht …» Statt dessen verschiebt sie – zum *vierten* – den Grund ihres Vorwurfs ins Gegenteil: nicht daß die Kinder überhaupt wiedergekommen sind, macht sie so ärgerlich über die «Bösen», sondern daß sie so *spät* erst gekommen sind und damit den guten Eltern solche Sorgen und Todesängste bereitet haben! Es ist wie eine Erinnerung an grade die Gefühle, die «normalerweise» tatsächlich in ihr auch vorgeherrscht hätten; doch wie weit ist die Kluft, die nach diesen vier Verformungen die Mutter eines «Hänsel» und einer «Gretel» von ihrem ursprünglichen Empfinden trennt! Wenn man wissen will, was Armut und Not aus Menschen und mit Menschen machen, – hier ist die Antwort: sie verstellen ihnen den Zugang zu den Menschen, die sie lieben, und sie verstellen ihnen damit den Zugang auch zu sich selbst; sie machen aus Menschen Wesen, die bis in das Innerste ihrer Gefühle hinein sich selber fremd geworden sind.

Paradoxerweise tritt diese Entfremdung der Gefühle bei einem Menschen von der Art der Mutter «Hänsels» und «Gretels» indessen nicht als eine einfache Ausgeliefertheit an sich selbst in Erscheinung, sondern weit eher als eine besondere Form der Selbstbeherrschung und der Selbstkontrolle. Es wirkt kaum glaubhaft, wie rasch diese Frau in dem GRIMMschen Märchen bei der Rückkehr der Kinder ihre Gefühle wieder im Zaum hat. Es ärgert und quält sie, ihre Kinder wiederzusehen; doch ohne auch nur einen Augenblick lang zu zögern, erklärt sie vorwurfsvoll ihre Sorge, mit der sie schon voller Ungeduld den Kindern entgegengefiebert habe. Kein Zweifel, eine Frau, die so prompt sich verstellen kann, muß mit ihren Gefühlen umgehen können wie ein Zirkusdompteur mit einer Gruppe dressierter Löwen. Sie hat es gelernt, sich zu disziplinieren: ihrer Nahrungsaufnahme entsprechend die Vorräte zu rationieren, ihre Verhaltensweisen entsprechend den Umständen zu kalkulieren, ihre Worte entsprechend der jeweiligen Zielsetzung zu instrumentalisieren. Man versteht: Nicht was sie möchte, – was sie *muß*, ist der Maßstab im Leben einer solchen Frau. Gerade weil sie unter dem Zwang der Armut sich selber fremd geworden ist, steht sie von ihren ursprünglichen Gefühlen so weit entfernt da wie ein General auf dem Feldherrnhügel von seiner kämpfenden Truppe. Wie nichts anderes auf der Welt hat die Not es vermocht, den *Willen* dieser Frau dem Gebot der «Notwendigkeit» zu unterwerfen und ihn wie eine Waffe zu stählen. Einer solchen Frau geschieht nichts Unbedachtes, – dessen kann sie sicher sein.

Wie aber kann *ein Kind* mit einer Mutter leben, die derart perfekt sich zu verstellen vermag? Was eine Mutter von «Hänsel» und «Gretel» unter allen Umständen erreichen möchte, ist letztlich die Ruhe und Zufriedenheit ihrer Kinder, doch indem sie Liebe lügen muß, wo sie nicht sein kann, erreicht sie statt einer auch nur momentanen Ruhe eine ständige Beunruhigung und statt der erhofften Zufriedenheit eine stets sprungbereite Wachsamkeit. Die Kinder, die am Feuer einer solchen Frau einschlafen sollen, werden in Wirklichkeit stets auf dem *qui vive* sein, durchtränkt mit dem Gefühl einer ständigen Kälte.

Wie eigentümlich «Hänsel» und «Gretel» im Schatten ihrer Mutter sich fühlen müssen, zeigt sich wohl am deutlichsten an der Art, wie sie auf deren Vorwurf reagieren, nicht rechtzeitig nach Hause gekommen zu sein. Jedes «normale» Kind in vergleichbarer Lage würde seine Mutter selber zur Rede stellen und sie empört fragen, wie sie sich über die verzögerte Heimkehr erregen könne, wo sie selbst es doch sei, die ihr eigenes Versprechen nicht eingehalten habe. Ist es nicht wahr: *sie* hat die Kinder einfach am Feuer sitzen lassen! *Die Kinder* haben gewartet und gewartet und sich schließlich allein durch den Wald tasten müssen; *die Kinder* haben tausend Todesängste durchlitten, und es kann wohl nicht noch obendrein für ihre Schuld gelten, wenn sie durch die Pflichtvergessenheit ihrer Mutter nicht rechtzeitig nach Hause kommen konnten. Es stellt die Situation vollkommen auf den Kopf, wenn, statt sich zu entschuldigen und um Verständnis zu bitten, diese Frau ihre Kinder mit zornigen Worten wegen ihrer Verspätung zurückweist. Doch wir wissen bereits, warum: Sie kann ihren Kindern die wirkliche Lage durchaus nicht verständlich machen. Das Erstaunlichste aber ergibt sich jetzt: die Kinder selber wissen ja längst schon, daß ihre Mutter ihnen die Wahrheit nicht sagt, und sie kennen zugleich auch

den Grund dafür. Längst schon verstehen sie beides: die Not ihrer Mutter und ihre Notlüge, mit der sie versucht, die notwendige Grausamkeit ihres Verhaltens ins Menschlich-Milde umzudichten. Unablässig stehen sie vor der Aufgabe, eine Mutter zu verstehen, die ihnen eben dieses Verständnis nicht zutraut; und wenn sie ihr schon nicht dabei helfen können, die Wirklichkeit erträglicher zu gestalten, so können und müssen sie doch daran mitwirken, das Spiel der erleichternden Lügen als Hauptakteure mitzutragen. Sie dürfen sich um keinen Preis anmerken lassen, daß sie längst alles bemerkt haben; sie müssen ihre besten Einsichten verstecken; sie müssen schweigen, wo es *ihnen* zustünde, lauthals sich zu wehren, und sie müssen durch ihr *stummes* Verhalten die Mutter in dem Glauben wiegen, sie glaubten ihren Lügen, denn sie begreifen sogar die tiefere Wahrheit all dieser Unwahrheiten: die Mutter möchte schon anders, sie kann nur nicht mehr ...

Schwerlich ist eine erschütterndere Szene in der «Phantasie», das heißt: in der psychischen Wirklichkeit eines Kindes vorstellbar als jene «Nacht», in der «Hänsel» und «Gretel» das «Gespräch» ihrer Eltern erlauschen: «Wie können wir unsere armen Kinder ernähren?» fragt die Mutter den Vater, und die Antwort liegt schon in der Frage: «überhaupt nicht – wir haben selber nichts mehr!» Und die Folgerung: «Wir wollen die Kinder hinaus in den Wald führen, wo er am dicksten ist, ... und lassen sie allein. Sie finden den Weg nicht wieder nach Haus, und wir sind sie los.»

Man kann diese «nächtliche» Entdeckung natürlich ganz wörtlich nehmen: da hätten die Kinder etwas mitbekommen, das sie nicht hätten erfahren sollen, – aus der Sicht der Eltern ein unglücklicher Zufall, der bei etwas Vorsicht an sich leicht hätte vermieden werden können. Doch begreift man die tragische Dramaturgie des Märchens von *«Hänsel und Gretel»* erst wirklich, wenn man das «Gespräch» zwischen Vater und Mutter bei «Nacht» als die Zerrissenheit und Widersprüchlichkeit deutet, die den Kindern *unbewußt* (oder halb-bewußt) als die untergründige Wahrheit in dem Verhältnis ihrer Eltern spürbar wird. Was sie da «nachts» zu «hören» bekommen, ist lediglich die Seite der Wirklichkeit, die ihnen gegenüber «am Tage» verschwiegen wird[23]; und diese Wirklichkeit lautet: «daß ihr mit euerem Dasein nicht nur quälend und lästig, nicht nur überzählig und unnütz, nicht nur unerwünscht und hinderlich, sondern geradewegs lebensgefährlich und ruinös für das Leben euerer Eltern geworden seid.» Kinder, die eine derartige Botschaft erhalten, müssen nicht erst in den «Wald» gebracht werden, damit sie nicht mehr nach «Hause» finden; solche Kinder wissen endgültig nicht mehr, wohin. Ihr Zuhause ist kein Zuhause mehr; sie möchten sie wiederfinden, die Heimat, die es mal gab; aber wie? «Nacht» für «Nacht» geht das jetzt so: die Angst und das Grübeln, die schlaflose Einsamkeit, ein Horchen auf Signale, die sich in ihrer schlimmsten Bedeutung nur immer mehr verstärken. Von *zweien* solcher Nächte berichtet das Märchen; doch was es meint, zieht sich lang hin und geht sehr tief; es ist die Weichenstellung für ein ganzes Leben.

Will man ein Kind, einen *Jungen* sich denken, für den das *Hänsel-und-Gretel*-Porträt Gültigkeit hat, so muß man vor diesem Hintergrund sich einen Charakter vorstellen, der nach außen hin von einer eigenartigen Sprödigkeit, ja, Verschlossenheit ist. Nicht als wenn ein solches Kind für sprachgehemmt oder einsilbig gehalten werden müßte, es wird sich «nur» sehr schwertun, seine eigenen Gefühle anderen mitzuteilen; es wird in allen Fällen, in denen es um seiner selbst willen andere konfrontieren oder korrigieren müßte, dem drohenden Konflikt durch Schweigen sich entziehen. Das fälschlich freundliche Reden der Mutter führt bei einem solchen Kinde zu einem fälschlich freundlichen Verstummen. Die Mutter darf die Wahrheit nicht sagen, die sie weiß, der Junge aber darf nicht sagen, daß er die Wahrheit weiß; die eine redet, um zu verschweigen, der andere verschweigt, um zu reden; und beider Verhaltensweisen entsprechen einander wie ein Abdruck, der nach einem seitenverkehrt aufgenommenen Muster sein seitenverkehrtes Spiegelbild erzeugt, mit dem Effekt, daß die verdoppelte Lüge sich auf eine erstauliche Weise schon wieder der Wahrheit annähert und einen Menschen hervorbringt, der zeit seines Lebens wissen wird, daß er ein Höchstmaß an Unaufrichtigkeit nur überleben kann, wenn er zumindest im Umgang mit sich selbst so illusionslos und ehrlich, wie irgend möglich, Bilanz zieht. Eines ist es, daß Menschen, oft genug aus den besten Motiven heraus, glauben, die Unwahrheit sagen zu müssen; doch ein ganz anderes ist es, die Fälschung mit dem Original zu verwechseln. Wenn man die Wahrheit schon nicht sagen darf, so ist es doch um so wichtiger, sie zu kennen und sich bewußt zu halten.

Zum Verständnis eines Menschen, der aus einer *«Hänsel-und-Gretel»*-Biographie hervorgeht, ist eine solche «Verdoppelung» der Realität in Hintergrund und Vordergrund, in Innen und Außen, in Gemeintem und Gesagtem als etwas Selbstverständliches vorauszusetzen; sie ist seine Grunderfahrung, mit ihr umzugehen seine Lebensbedingung. Doch prägt diese Zweideutigkeit der menschlichen Wirklichkeit zugleich auch die Art des Umgangs mit anderen Menschen. Woran soll man sich halten, woran sich orientieren, wenn man in einer Welt lebt, in der, wie im Partisanenkrieg auf feindlichem Boden, es niemals sicher ist, ob ein Richtungsanzeiger noch auf den Ort weist, der auf ihm bezeichnet steht, oder ob er nicht längst schon zur absichtlichen Irreführung auf die genau entgegengesetzte beziehungsweise auf irgendeine ganz beliebige Gegend ausgerichtet wurde?

Wer in einer *«Hänsel-und-Gretel»*-Welt aufwachsen muß, hat eigentlich nur zwei Möglichkeiten: *entweder* er kommt darin um – er wird in diesem Irrgarten von Widersprüchen, Gefühlsbrechungen, Ängsten und Leiden irgendwann selber irre, er hört auf, diese Welt noch verstehen zu wollen, und übernimmt ihre Lügen als eigene Wahrheiten, die er fortan zäh und erfolgreich gegen sich selber und alle anderen verteidigen wird, *oder* aber er schult seine Intelligenz darin, die eigentliche Wahrheit hinter den Äußerungen der anderen allererst von Fall zu Fall herauszufinden, er macht aus dem Leben eine Art archäologischen Puzzles, er läßt sich auf andere Menschen überhaupt erst ein, wenn sein geistiges Kontrollsystem ihre «Unbedenklichkeit» festgestellt hat. Es ist klar, daß nur der letztere Weg wirklich weiter führt, und er ist es denn auch, von dem das Märchen von *«Hänsel und Gretel»* erzählt; zu der Gestalt seines *«Hänsels»* gehört wesentlich das Motiv der Lebenssicherung, ja, Lebensrettung durch überragende Wachsamkeit, Hellsichtigkeit und Intelligenz.

Schon CHARLES PERRAULT schilderte seinen *«Däumling»* als ein ausgesprochen pfiffiges Kerlchen, das seine körperlich weit überlegenen Geschwister aus schier schrecklichen Gefahren, in denen sie längst schon jammernd und wehklagend zu verzagen drohten, durch die furchtlose Klarheit seiner Wahrnehmung und die Kühnheit seiner Gedanken zu retten verstand. Auch das GRIMMSche «Hänsel» hat etwas von dieser Art, nur wird uns jetzt ein Stück weit der Grund dafür deutlich, sehen wir doch, daß die gesamte Beziehung eines «Hänsels» zu seinen Mitmenschen wesentlich über den Intellekt geführt wird. So wie eines Hänsels Mutter gerade die stärksten ihrer Gefühle vom Verstand her zu steuern weiß, so spürt auch das Kind, das an ihrer Seite heranwächst, sehr bald schon die Pflicht zu einer vollständigen Beherrschung aller Gefühlsregungen.

«Ich durfte doch nie sagen, was ich dachte.» Mit diesen Worten erklärte eine Frau vor einiger Zeit ihre enorme Schwierigkeit, gerade in Krisensituationen, wenn es eigentlich besonders wichtig war, sich anderen Menschen mitzuteilen. «Meine Mutter hat für mich wirklich alles getan, was sie konnte, – das glaube ich schon», fuhr sie fort; «aber sie machte mir solche Schuldgefühle! Sie war selber fix und fertig. Hätte sie doch nur einmal gesagt, wie ich ihr hätte helfen können! Stattdessen stand ich in der Küche herum und überlegte und überlegte, was ich denn tun könnte, was sie wohl wünschen würde. Doch wenn ich dann etwas in die Hand nahm, war es bestimmt verkehrt. Sie konnte so furchtbar schimpfen. Wenn sie richtig loslegte, war alles falsch, was ich machte, und es kam dann wirklich vor, daß ich eine Tasse fallen ließ oder beim Einkaufen etwas anderes mitbrachte, als ich sollte – vor lauter Angst schon!»

«Sie fühlten sich im ganzen zurückgewiesen, und um so mehr versuchten Sie, hilfreich zu sein, und wenn auch das noch mißlang ...»

Sie fing, als ich das sagte, zu weinen an, starr, ohne das Gesicht zu bewegen, und schaute mich dabei unverwandt an, wie wenn sie herausfinden wollte, ob auch ich jetzt ärgerlich über sie sein werde. «Wissen Sie, es war unmöglich, mit ihr zu reden. Wenn ich den Mund aufgemacht hätte, wäre alles nur noch viel schlimmer geworden, jedenfalls glaubte ich das.»

«Sie haben es nie probiert, nie probieren *dürfen?*»

«Nein, wie denn? Ich wurde ganz leise. Es war doch alles ver-

kehrt. Sie um Erklärungen zu bitten, hätte sie nur noch mehr in Harnisch gebracht; sie in Frage zu stellen, hätte sie lediglich gezwungen, ihren Standpunkt noch gebieterischer geltend zu machen; – und Widerworte – daran war schon gar nicht zu denken. Mutter kannte nur eine Art der Problemlösung: das war die Alleinverantwortung. Aber mir vermittelte sie ständig das Schuldgefühl, daß es ihr so schlecht ging, weil es mich auch noch gab.»

Was diese Frau da mit wenigen Worten sagte, stellt nicht nur einen eindrücklichen Kommentar zu dem «Verstummen» eines «Hänsels» und einer «Gretel» in der Welt ihrer Mutter dar, es stellt auch die außerordentliche Intelligenzleistung heraus, die erforderlich ist, um unter den gegebenen Bedingungen geistig nicht zugrunde zu gehen. Nichts jedenfalls könnte falscher sein, als die seelische Stärke und die intellektuellen Fähigkeiten eines Menschen von *«Hänsel-und-Gretel»*-Art für gering zu bewerten, nur weil ihm vielleicht die Worte so rasch nicht vom Schnürchen gehen; im Gegenteil, hört man einer Frau wie der gerade geschilderten zu oder einem Mann in vergleichbarer Lage, so wird man bald merken, daß man einen jeden ihrer Sätze in Gewicht und Umfang gewissermaßen mit dem Faktor zwanzig wird multiplizieren müssen, um einigermaßen zu verstehen, nicht was sie sagen *möchten*, sondern was sie soeben tatsächlich gesagt haben. Alles ist da kompakt, wie in sich zusammengedrückt, dafür aber bindend, gültig und wahr, – Graphitstaub, der zu Diamanten wurde. Es muß noch nicht in jedem Falle so stimmen, wie es gesagt wird, doch befindet es sich ganz gewiß auf dem Wege dahin; es ist Teil eines ehrlichen Suchens, so viel ist sicher.

Ein Problem allerdings bleibt für die *«Hänsel-und-Gretel»*-Menschen bestehen, das sich selbst mit den Mitteln von Intelligenz, Wachsamkeit und Ehrlichkeit alleine kaum lösen läßt. Wir wissen schon um den *Zwang*, mit dem die Lebensnot eine Mutter von «Hänsel» und «Gretel» dahin bringt, ihren Kindern zu sagen: «Ich ärgere mich, daß ihr so spät kommt», wenn sie eigentlich sagen möchte: «Es bringt mich um, daß ihr trotz allem noch wiederkommt.» Wer immer wieder in Kindertagen das «Ich liebe dich doch» hat hören müssen als ein verstecktes: «Ich wünsche dich fort», wird es merkwürdigerweise eines Tages dahin bringen, daß er mit einer Sprache offener Ablehnung und Zurückweisung vergleichbar besser leben kann als mit offen ausgesprochenen Liebes- und Sympathieerklärungen. Solche beginnt er vielmehr zu meiden oder geradewegs zu fürchten. «Es hat ja doch nie gestimmt.» Das war die Erfahrung, die sich im Umgang mit der eigenen Mutter am tiefsten eingeprägt hat, und was läge jetzt näher, als diese Erfahrung fortan im Umgang mit *allen* Menschen bestätigt zu finden? Menschen von *«Hänsel-und-Gretel»*-Art werden es förmlich darauf anlegen, die offen geäußerte Zuneigung eines anderen Menschen, so erwünscht sie im übrigen auch sein mag, nicht nur mit einer gewissen skeptischen Reserviertheit aufzunehmen, sondern unbewußt das genaue Gegenteil zu unterstellen, nur um dann solange zu forschen, zu horchen und zu prüfen, bis die alten «Verdachtsmomente» sich doch wieder bestätigen. Ohne es selber zu merken, setzt sich auf diese Weise die alte Verdoppelung der Wirklichkeit aus Kindertagen, das Denken und Fühlen auf zwei Ebenen, fort; freilich arrangiert es sich jetzt selber und formt seinerseits sogar eine an sich womöglich tragfähige und glückliche Beziehung ins Schwererträgliche und neuerlich Quälende. Selbst Menschen von großer Einfühlsamkeit und gedanklicher Klarheit wird es dabei kaum möglich sein, die Tatsache dieser Verfestigung kindlicher Ausgangserfahrungen noch im Erwachsenenleben auch nur zu entdecken, geschweige denn zu durchschauen und durchzuarbeiten.

Subjektiv wird vielmehr die angstverzerrte Wahrnehmung zunächst für die Wirklichkeit genommen werden, und, was jetzt äußerst erschwerend hinzukommt: es gibt kein wirkliches Nachfragen! Irgendein belangloser Satz, eine leichtfertig hingeworfene Bemerkung kann im Felde der Angst sehr leicht für Menschen dieser Art eine Bedeutung annehmen, die den alten Negativerwartungen neue Nahrung gibt. Objektiv handelt es sich vielleicht um ein klar erkennbares Mißverständnis; doch allein schon den anderen mit der Verdächtigung zu konfrontieren, er habe all die Zeit über mit seinen charmanten Artigkeiten und galanten Aufmerksamkeiten womöglich die Unwahrheit gesagt – dieser eine Satz, diese eine Äußerung beweise es ja! –, muß als vollkommen unmöglich erscheinen. Es liefe ja unmittelbar auf einen Konflikt hinaus, – zwei ganz verschiedene Wahrnehmungen prallten da aufeinander, und der eine müßte sich rechtfertigen vor dem anderen! Mit anderen Worten: es würde genau *die* Situation wieder heraufführen, die zu *vermeiden* gegenüber der Mutter in Kindertagen für eine der wichtigsten Überlebensregeln zu gelten hatte. Die alte Taktik aber: Konfliktvermeidung durch Schweigen und Rückzug, läßt die verdoppelte Wirklichkeit unverändert bestehen; sie korrigiert nicht die Angst, sie verewigt sie als eine nur allzu begründete Tatsache. Wie ist es möglich, unter solchen Voraussetzungen Kontakte zu schließen, die *mehr* sind als ein bloßes Spiel von Gefälligkeiten an der Außenseite der Existenz? Diese Frage wird das ganze Leben der *«Hänsel-und-Gretel»*-Menschen durchziehen. Denn auch diese Regel ist gültig: Ein Mensch, der in Kindertagen keine wirkliche Heimat zu finden vermochte, der wird in Ewigkeit nach ihr auf die Suche gehen.

«Ich weiß noch, wie es war, als ich zehn Jahre alt wurde», schilderte ein Mann ein entsprechendes Gefühl in seiner Jugend. «Mutter erklärte damals, ich müsse in das Internat, das von Patres geleitet wurde; die würden auf die Schularbeiten aufpassen, was sie ja nicht könne… Ich war immer ein guter Schüler; sie mußte gar nicht aufpassen; sie wollte mich einfach loswerden, aber das konnte sie mir nicht sagen, und ich durfte es ihr nicht sagen. Außerdem hatte sie kein Geld, mich auf ein öffentliches Gymnasium zu schicken. Ich mußte es für ihre Liebe halten und ihr dankbar sein, daß ich in dem Gefängnis der Patres wie ein jugendlicher Krimineller gehalten wurde. Ich hatte solches Heimweh! Es waren doch nur zehn Minuten zu Fuß nach Hause!»

Zugleich versorgt und verstoßen oder: Von Heimatsuche und Fremde

Beim ersten (Wieder)Hören des Märchens von *«Hänsel und Gretel»* wird man sich sicherlich wundern, wie beharrlich hier das «Hänsel» versucht, den «nächtlichen» Weg «nach Hause» zurückzufinden. Der Junge hat selbst gehört, daß und warum die Mutter ihre Kinder loswerden will, er weiß zugleich, daß er den Liebesbezeigungen und Liebesbeteuerungen der Mutter keinerlei Glauben schenken kann, er versteht zudem, daß er die Mutter in der besagten Weise um keinen Preis auf ihre Widersprüchlichkeit ansprechen darf, und er weiß natürlich auch, daß er über keinerlei Möglichkeit verfügt, an der bestehenden Misere auch nur das geringste zu ändern. *Wegzugehen,* sollte man meinen, *freiwillig* sich aus dem Staube zu machen, böte den einzigen Ausweg in solcher Lage. Ganz anders hingegen verhalten sich «Hänsel» und «Gretel» – und müssen es tun. Kein Kind, das sich in ihrer beider Namen beschrieben findet, wird von seiner Mutter aus eigenem Entschluß fortgehen, es wird vielmehr immer wieder an den Ort seiner Zurückweisung zurückkehren. Warum?

Es kommt uns zur Antwort dieser Frage jetzt sehr zustatten, daß wir von Anfang an das allzu flüchtig wirkende Bild der Mutter in der Erzählung der BRÜDER GRIMM in seinen immerhin deutlich genug markierten Widersprüchen und Brechungen herauszuarbeiten versucht haben. Wäre die Mutter von «Hänsel» und «Gretel» *nur* jene arglistige, gefühlskalte, abweisende Person, als die sie uns unter dem Zwang der Armut in der GRIMM-schen Fassung gezeigt wird, so wäre das Verlangen der Kinder nach Rückkehr zu ihrem Elternhaus tatsächlich unbegreifbar; so aber dürfen wir davon ausgehen, daß Kinder mit einem *«Hänsel-und-Gretel»*-Schicksal sehr wohl die *Wahrheit* in der Lüge ihrer Mutter begreifen: *Eigentlich* hat sie ihre Kinder *doch* lieb! *Wenn* nur die Umstände anders wären! *Wenn* sie nur könnte, wie sie wollte! und dieses «wenn», dieses «eigentlich», dieses Nichts an Realität neben einem Alles an Hoffnung, erzeugt ein Vakuum von ungeheurer Energie. Die Geschichte von *«Hänsel und Gretel»* könnte im folgenden sich durchaus nicht in der geschilderten Weise aufführen, gäbe es nicht, deutlich spürbar, im Erleben der Kinder auch die Seite der *im Grunde* guten Mutter: Sie bleibt hinter allen Verstellungen doch der geheime Inhalt aller wünschbaren Vorstellungen; sie verführt in ihrer Widersprüchlichkeit, man kann es nicht anders sagen, ein Kind von *«Hänsel-und-Gretel»*-Art geradewegs zu einer *suchtähnlichen Realitätsverleugnung.*[24]

Die überwiegende Mehrzahl der Interpretationen des Märchens von *«Hänsel und Gretel»* beharrt darauf, daß der Gang der Kinder in den «Wald» nichts weiter bedeute als die übliche Ablösung von der Mutter, zugegeben, unter gewissen dramatischen Bedingungen, doch «an sich» nicht ungewöhnlich[25]; in der Sicht solcher Auslegungen ist die Angst der Kinder vor ihrer Vertreibung lediglich die «typische» Phantasie einer bestimmten Entwicklungsphase, dazu bestimmt, den notwendigen Schritt der Trennung zu erleichtern: der mangelnde Mut, den Aufbruch selber zu wagen, werde da ersetzt durch den Zwang eines betrügerischen Verlassenwerdens. Und in der Tat: Betrügt denn nicht recht betrachtet *jede* Mutter ihr Kind, dem sie am Anfang des Lebens buchstäblich *alles* zu sein verspricht: Leben und Geborgenheit, Nahrung und Wärme, Schutz und Halt, nur um es später, nach wenigen Jahren schon, in eine fremde und feindliche Welt zu entlassen – das heißt: hineinzustoßen, wenn es nicht von alleine gehen will?[26] Die Berechtigung solcher Deutungsansätze zur Erhellung einer Reihe immer wiederkehrender Probleme der Kinderpsychologie ist unbestreitbar, von solchen Konflikten *redet* das GRIMMsche Märchen. Und doch enthält nicht dieses Typische oder schon *Stereo*typische die eigentliche Aussage der Geschichte von *«Hänsel und Gretel»;* was *diese* erzählt, ist nicht einfach der Prozeß der Ablösung, sondern das verzweifelte Suchen eines Kindes nach einer Mutter, die es unbedingt geben müßte, die es aber durchaus nicht (mehr!) gibt noch geben kann.

Allein schon die *Steigerung aller Gefühle* in diesem Märchen verträgt sich nicht mit dem so beruhigend wirkenden Vorwissen jener psychologischen Standardauslegung. «Hänsel» und «Gretel» *müssen* von ihren Eltern sich lösen, gewiß; doch ist es, glaubt man der Geschichte der BRÜDER GRIMM, eben nicht ein «Naturgesetz» (der Psychogenese), das sie zu diesem Schritt nötigt, sondern der Zwang einer *Armut*, die ein grausames Entweder-Oder über die ganze Familie fallen läßt: *entweder* «Hänsel» und «Gretel» leben weiter bei ihren Eltern, dann müssen diese sich opfern für ihre Kinder und es finden über kurz oder lang alle gemeinsam den Tod, *oder* die Kinder werden geopfert für die Überlebensinteressen ihrer Eltern, dann ist es, wie wir gesehen haben, nur noch ein letzter Akt der Barmherzigkeit, diese schreckliche Wirklichkeit, die sie doch längst schon erahnen, die Kinder, so lange es geht, nicht wissen zu lassen. Alles in der Geschichte der BRÜDER GRIMM ist dramatisch zugespitzt auf Leben oder Tod, auf Sein oder Nichtsein, und statt darin eine bloß erzählerische Theatralik zu erblicken, müssen wir uns vielmehr fragen, wie die Wirklichkeit beschaffen ist, die psychisch sich in derartigen Hoffnungs- oder Horrorszenarien spiegelt, wie das GRIMMsche Märchen sie darstellt.

Schaut man genau hin, wie das Märchen von *«Hänsel und Gretel»* den vermeintlichen «Aufbruch» der Kinder erzählt, so beginnt alles mit der uns mittlerweile vertrauten Doppelbödigkeit: Ganz früh, «noch ehe die Sonne aufgegangen war, kam schon die Frau und weckte die beiden Kinder: ‹Steht auf, ihr Faulenzer, wir wollen in den Wald gehen und Holz holen.›» Das klingt ganz danach, als würden die Kinder hier zu Fleiß und Mitarbeit aufgerüttelt, und wir sahen bereits: es bedeutete für die Kinder eine wahre Erlösung, wenn es so stünde. Endlich fänden sie eine Gelegenheit, sich «nützlich» zu machen, endlich wären sie, statt Überzählige, erwünschte «Arbeitskräfte»! Doch eben: ein solches Verhältnis ist unmöglich! Diese Kinder können tun, was sie wollen, sie *bleiben* mit ihrer Existenz die Todesgefahr für ihre Eltern! Und noch einmal: sie wissen insgeheim längst schon, daß es so ist! Was aber läßt sich tun, in einer Situation, in der endgültig «nichts mehr zu machen» ist? Was wir in dem GRIMMschen Märchen an dieser Stelle miterleben, ist die Geburtsstunde

keinesfalls einer «Loslösung», sondern ganz im Gegenteil: einer *suchtähnlichen Bindung.*

Was einen aufmerksamen Leser (oder Hörer) des GRIMMschen Märchens bei diesem entscheidenden «Aufgewecktwerden» der Kinder an jenem «Morgen», da sie verstoßen werden sollen, gewiß am meisten beeindrucken wird, ist die rührend-hilflose Antwort, die «Hänsel» auf die Unbarmherzigkeit seiner Lage zu geben versucht. Er ist sich völlig im klaren, daß es für ihn kein Zuhause mehr gibt, doch nur um so inniger klammert er sich an die Idee, trotz allem «nach» Hause und zu seinem *Zuhause* finden zu können.

Denn tatsächlich hat er sich, wie wir hören, auf sein «Aufgewecktwerden» im «Dunkeln» auf eine phantastische Weise vorbereitet. Er hat nicht nur den Plan seiner Mutter, die erst jetzt als *Stief*mutter bezeichnet wird, wachsam genug in Erfahrung gebracht, er hat vor allem das letzte Stück verbliebener Freiheit dazu verwandt, seinen eigenen Rettungsplan dagegenzusetzen. Noch ist es Nacht, da nutzt er die geöffnete Türe des Hauses, um ins Freie zu treten und im Mondlicht, während die Eltern schlafen, glänzend weiße Kieselsteine zur Markierung des *Rückwegs* zu sammeln; erst dann, beruhigt, legt er sich wieder zu Bett. Allein schon der Kontrast ist hier bemerkenswert: da wachen die Kinder, wo sie schlafen sollten, da schlafen die Eltern, wo sie wachen sollten, und nur indem die einen die anderen *hinter*gehen, können sie am anderen Morgen auf dem Weg durch den «Wald» *zusammen*gehen. Wenn wir bisher schon die «Pflicht» der Kinder zum Arrangement mit der «Lüge» der Eltern als eine Art Überlebensbedingung herausgestellt haben, so erleben wir jetzt ein geradezu virtuoses Schaustück dieser sonderbaren Form der «Kooperation».

Denn natürlich kann «Hänsel» nicht sagen, daß er im Begriff steht, den Plan seiner (Stief)Mutter zu unterlaufen. Das ihm Allerwichtigste muß er geheimhalten: seinen Wunsch, seine *Absicht*, mit einem Trick das «Abschiebeprogramm» seiner Eltern zu vereiteln. Alles, was er dabei tut, wirkt vollkommen logisch, wohlüberlegt und scharfsinnig – und doch ist es vollständig irreal! Der gesamte Verstand wird hier verbraucht im Kampf gegen eine Realität, die endgültig stärker ist; er wird, mit anderen

Worten, absorbiert von einer *Illusion,* die darin besteht, man müsse nur oft genug den «Verrat» der Eltern sabotieren, dann ließen sich vielleicht auch *die Gründe* aus der Welt schaffen, die den Entschluß der Eltern erzwingen. Aber wieder: was heißt bei so viel Verzweiflung schon Illusion?

CHARLES PERRAULT in seiner Geschichte vom *Däumling* hat eine solche Möglichkeit erhoffter Rettung immerhin angedeutet: Als dort der Holzfäller und die Holzfällersfrau daheim ankommen, da hat ihnen der Herr des Dorfes just im Moment zehn Taler geschickt, «die er ihnen schon lange schuldig war und auf die sie gar nicht mehr gehofft hatten». Ausdrücklich vermerkt PERRAULT: «Das rettete ihnen das Leben; denn die armen Leute waren am Verhungern.» Nun aber, im Besitz dieses Geldes, gehen sie hin und kaufen sogleich die nötigen Lebensmittel, um sich an ihnen gütlich zu tun. Doch kaum daß sie satt sind, fragt alsbald die Holzfällersfrau nach den armen Kindern, bitterlich fängt sie an zu weinen, ja, auch ihr Mann in seinem Ärger zeigt sich im Grunde noch verstimmter als sie; beide sind sie schließlich überglücklich, als die Kinder unverhofft sich doch noch zurückmelden. Zwar gewährt das Geld des Dorfschulzen auch bei PERRAULT in gewissem Sinne nur einen Aufschub, doch verstehen in seiner Geschichte die Kinder die Absicht ihrer Eltern ganz richtig: eigentlich *sollten* sie zurückkommen; selbst das völlig Unwahrscheinliche an sich doch nicht ganz unmöglich: *vielleicht* gibt es doch noch eine Rettung aus all dem Elend!

Vor diesem Hintergrund ist es sehr wichtig zu begreifen, wie ganz anders die Situation ist, in der wir «Hänsel» und «Gretel» in der Geschichte der BRÜDER GRIMM antreffen. Nichts hören wir da von noch ausstehenden Zahlungen für schon erbrachte Leistungen, nichts von dem Glück einer Geldüberweisung im letzten Augenblick, nichts von der seligen Freude des Wiedersehens. In all diesen Punkten vielmehr genau das Gegenteil! Die Lage, in welcher sich «Hänsel» und «Gretel» befinden, läßt *in der Realität* keinerlei Hoffnung mehr zu, sie ist absolut aussichtslos, *und die Kinder wissen das.* Erst wenn wir die unentrinnbare Härte, den unverrückbaren Zwang in der Not der Eltern uns in vollem Umfange eingestehen, begreifen wir das jetzt tatsächlich ins *Wahnhafte* Gesteigerte in dem doch so klug arrangierten Verhalten eines «Hänsel»: in Wahrheit müßte er, um erfolgreich zu sein, nicht allein seine Eltern überlisten, er müßte vor allem den Engpässen seines wie ihres Lebens ein Schnippchen schlagen. Und er «müßte» das nicht nur, es wäre die Voraussetzung seines Überlebens! Kein Kind der Welt kann mit der absoluten Verweigerung seiner Eltern leben; was also bleibt ihm anderes, als mit allen Kräften seines Verstandes sich eine Welt auszudenken, in der das Unmögliche *trotz allem* wirklich sein kann? *Vielleicht* können die Eltern sich doch noch anders geben, als sie es tun? Kann es nicht sein, daß das «wir können nicht mehr» im Mund der Eltern nur heißt: «wir *wollen* nicht mehr»? Den *Willen* der Eltern kann man beeinflussen! Und kann nicht der Wille der Eltern, wie scheinbar so oft schon, das Schicksal beeinflussen? Je größer die Angst eines Kindes wird, *verlassen* zu werden, desto unbedingter wird es sich auf diese eine letzte phantastische Erwartung verlassen, die Eltern verfügten insgeheim über magische Kräfte, sie könnten im äußersten Falle sich aus ihrer Notlage irgendwie fortzaubern. Psychologisch, gewiß, fällt es nicht schwer, in einer solchen Einstellung die Reste der «zwangsneurotisch-magischen» Phase der Ich-Entwicklung wiederzufinden[27] und einem «Hänsel» vorzuwerfen, es kehre mit seinem Steinesammeln im Mondlicht zu diesem schon überwunden geglaubten kindlichen Denken wieder zurück; aber noch einmal gefragt: was heißt «zwangsneurotisch», wenn die Armut die eigenen Eltern zwingt, an ihren Kindern nicht länger als Eltern zu handeln, sondern wie an streunenden Hunden, und was heißt «magisch», in einer Situation, in der tatsächlich nur noch das Wünschen (oder religiös gesprochen: das Beten) zu «helfen» scheint? Man muß diesen berechtigten, ja unvermeidbaren Zug in dem Verhalten eines «Hänsels» verstehen, um die Ausweglosigkeit seiner Not und die Sinnlosigkeit all seiner gedanklichen Mühen ganz ermessen zu können.

Immer wieder in der Psychotherapie nimmt es wunder, mit welcher Beharrlichkeit, ja, scheinbaren Unbelehrbarkeit manche Menschen trotz aller Zurückweisungen, trotz aller Enttäuschungen, trotz aller Schelte sogar, immer wieder um Hilfe, Verständnis und Liebe an gerade der Stelle anhalten, an der das, was sie suchen, durchaus nicht zu finden ist. Die einzig «reale» Lösung des «*Hänsel-und-Gretel-*»Problems läge darin, daß die Kinder ihre Eltern verließen und auf eigene Faust sich durchs Leben zu schlagen versuchten. Aber warum tun sie das nicht? Warum empfehlen ihnen das nicht offen heraus auch ihre Eltern? Die ebenso einfache wie zutreffende Erklärung dafür lautet, daß die Liebe zwischen den Eltern und ihren Kindern eine solche «Lösung» nicht erlaubt! Die Eltern müßten aufhören, «Hänsel» und «Gretel» zu *lieben,* wollten sie ihnen sagen: «Macht euch aus dem Staube»; die Kinder aber kommen unter der Not der Eltern gar nicht erst dazu, an ihre eigenen Fähigkeiten und Möglichkeiten im eigenen Interesse zu denken; solange sie ihre Eltern *lieben,* ist es und bleibt es ihre erste Aufgabe, den Eltern zu *helfen,* um dadurch die so notwendige Liebe der Eltern zu erringen; scheitern sie bereits an dieser so vordringlichen, alles weitere allererst ermöglichenden Zielsetzung, was für ein Selbstvertrauen zur Lösung ihrer eigenen Probleme soll ihnen da noch verbleiben? Die Eltern wie die Kinder sind die Opfer eines Systems unerfüllbarer Verantwortungen; doch was sie in diesem System gefangen hält, ist die Unmöglichkeit, so verantwortungslos zu sein, um das Gefühl wechselseitiger Verbundenheit einfach aufzukündigen.

Freilich ist es nicht an sich schon eine phantastische Vorstellung, mit der ein Kind glaubt, die Not seiner *Eltern* abtragen zu können? Doch genau diese «Pflicht» wird ein Kind spüren, das seine Eltern, die es liebt, in einem unbegreifbaren Leiden zugrunde gehen sieht. Ein solches Kind mag «magisch» denken, doch das Gefühl seiner Verbundenheit mit den Eltern ist absolut real, und es ist stärker als jeder noch so starke Widerspruch der Erfahrung.

Man ist gewöhnt zu hören, daß Eltern ihre Kinder versichern, es sei «alles gut», sie seien doch da, und ihre Gegenwart vertreibe allen Kummer und alle Not; man ist nicht gewöhnt zu hören, Kinder könnten eben so denken, – doch eben das ist immer wieder in der Kindheit von Menschen, die dem Grimmschen Märchen von *Hänsel und Gretel* entsprechen, der Fall!

Bisher haben wir «Hänsels» Rückkehr in der Geschichte der Brüder Grimm nur als ein buchstäblich «regressives» Verlangen nach eigener Geborgenheit gedeutet[28], jetzt aber sehen wir,

daß eine solche Erklärung keinesfalls auslangt. Die Sehnsucht nach *Anlehnung* wäre *enttäuschbar* durch stetige *Ablehnung,* sie allein könnte niemals die beharrliche Rückkehr der Kinder zu ihren Eltern begründen; was hinzukommt, hinzukommen *muß,* ist der Wille des Kindes, den Eltern selbst Stütze und Halt zu sein. «Wir sind doch zurück! Nun freut euch doch, Eltern. Euch kann doch nun schon gar nichts mehr passieren. Wir sind wieder da!» Das *auch* ist paradoxerweise die «Botschaft», mit der «Hänsel» und «Gretel» sich bei ihren Eltern zurückmelden. Statt sich von ihren Eltern zu *lösen,* müssen Kinder in solcher Lage vielmehr alles tun, für deren Zwangslage eine «Lösung» zu finden. Und solange die Eltern den Kindern nicht sagen, nicht sagen *dürfen*: «Wir können für euch die Verantwortung nicht länger übernehmen», solange werden und dürfen auch die Kinder ihre «Verantwortung» für die Eltern nicht lösen. *Daran* liegt es, daß die inzwischen beachtliche Intelligenz und Selbständigkeit eines «Hänsels» sich in der Lösung einer unlösbaren Aufgabe verbrauchen und daß seine *Sehnsucht* nach seinen Eltern sich ins Suchtähnliche steigert. Die *Sucht* selber ist nur verstehbar vor dem Geflecht einer derart phantastischen Mischung aus gutem Willen, einem beachtlichen Verständnis und einer solchen fiktiven «Verantwortung».

Niemand in der Weltliteratur hat, aufgrund eigener jahrelang quälender Erfahrungen, eine derartige *Suchtproblematik* ständiger «Rückkehr»versuche zum Ort der sicheren Enttäuschung eindringlicher dargelegt und klarer ausgelegt als der russische Dichter F. M. Dostojewski. In seinem in drei Wochen zusammengeschriebenen Roman *Der Spieler*[29] schildert er den unwiderstehlichen Zwang zum «Glücksspiel», mit dem «Willen», immer wieder auf Sein oder Nichtsein alles einzusetzen, nur um alles, die höchstfliegenden Hoffnungen, gleich einem Kartenhaus einstürzen zu sehen. Aber nun: selbst die unendliche Kette ruinöser Mißerfolge stellt für einen wirklich Spielsüchtigen durchaus keinen Grund dar, sich der leidigen Glücksmaschinerie zu entledigen; im Gegenteil: er hat nur noch nicht die genügende Menge an Informationen zusammengetragen, um das *System* des Getriebes, um die latente Mechanik am Roulettetisch zu verstehen. Versteht er sie erst einmal, so wird er sich ihrer bedienen, um das Schicksal selber zu widerlegen! Dieser *Traum*, der selbst seinen Niedergang, selbst seine vollständige Nieder-*lage* doch noch in einen neuen Aufstand und Aufstieg zu verwandeln vermag, liefert ihm das Motiv, immer von neuem, *wahnähnlich*, gewiß, doch mit welcher Sorgfalt und Intelligenz, sein Glück unbedingt dort machen zu wollen, wo allein das Unglück seiner wartet. Es ist psychologisch nicht zu viel gesagt, wenn wir in DOSTOJEWSKIS «Spiel» mit den «magischen» Kugeln im Kasino zu Wiesbaden eine Erweiterung und Übertragung der Suche eines kleinen, völlig überforderten, doch äußerst sensiblen und blitzgescheiten Kindes nach seiner in Leid und Schmerz wie verlorenen Mutter auf diese schicksalspielende Apparatur des Roulettes erblicken. Längst könnte der Schriftsteller DOSTOJEWSKI von den Einkünften seiner viel gelesenen großen Romane sein Dasein fristen und zugleich seine über alles geliebte Gemahlin *Anna Grigorjewna* versorgen; doch stattdessen beim Trödler versetzt er deren Kleidung, trägt deren Habseligkeiten ins Pfandhaus, immer im Glauben, in wenigen Stunden schon alles auf wundersame Weise vervielfacht wieder zurückbringen zu können. Und überhaupt nur als ein Magier des Glücks dürfte er, wie er wähnt, nach all dem Desaster in der Realität sich unter den Augen gerade seiner Geliebten allererst wieder sehen lassen. Diese freilich wird all die Stadien dieses Teufelskreises der Spielsucht immer wieder übersehen müssen, um den kleinen *Fjodor*, das vereinsamte, verängstigte, verlassene Kind in dem Genie DOSTOJEWSKI wiedererkennen zu können, und schließlich wird es die zähe Geduld ihrer Liebe sein, die den Spuk seiner Spielsucht zum Stillstand bringt...[30] – So etwas ähnliches wie die Roulette-Kugeln im Leben DOSTOJEWSKIS sind die «Kieselsteine», die sich das «Hänsel» in der GRIMMSCHEN Geschichte im «Mondlicht» zusammensucht, um den Weg der Rückkehr zu seinen Eltern zu markieren. «Selbstbetrug»? «Lüge»? Ja, natürlich! Aber noch einmal: Was sollen all solche Worte in solchem Zusammenhang!

Der «Zusammenhang» besteht darin, daß ein «Hänsel» seinen Eltern mit keinem Sterbenswort verraten darf, auf welche Weise es seinen Weg nach Hause vorbereitet hat; es muß, um bei den Eltern zu *bleiben,* die Eltern genau so hintergehen, wie diese es

selbst hintergehen. Und doch geschieht das alles in einer verzweifelten Not. Wie fürsorglich noch kümmert die Mutter sich um «Hänsel» und «Gretel», als sie ihnen empfiehlt, sich an dem warmen Holzfeuer zur Ruhe zu legen! In diesem Moment, möchte man denken, brächte sie noch einmal ihre zwei kleinen Kinder zu Bett; da sagt sie ihnen durch ihr Verhalten: «Ich liebe euch», doch nur um sogleich ihr: «Ich muß euch loswerden», vorzubereiten. «Hänsel» wiederum erzählt seiner Mutter, es schaue sich nach seinem «Kätzchen» um, das ihm «Ade» sagen wolle, und handelt dafür den Vorwurf ein, es sei halt ein «Narr», es verwechsle den Schein der Morgensonne auf dem Schornstein mit seiner Katze; es aber *spielt* nur den «Träumer», um in Wirklichkeit seinen «Traum» von einem doch noch möglichen «Heimweg» realisieren zu können. So wie auf seiten der Mutter eine demonstrierte Fürsorge die aus Not demontierte Sorge verdeckt, so verdeckt auf «Hänsels» Seite eine absichtsvolle Fiktion das Faktum seiner wahren Absicht. Nur diese Brücke einer doppelten Unaufrichtigkeit trägt den verbleibenden Rest einer gerade noch möglichen Gemeinsamkeit zwischen Eltern und Kindern in dem GRIMMSCHEN Märchen.

Dabei weist schon die Art, in der die BRÜDER GRIMM jetzt erzählen, darauf hin, wie traumnah, wie *symbolisch* das folgende zu verstehen ist.[31] *Äußerlich* betrachtet, macht es bereits wenig Sinn, Steine als Wegmarken zur Erde fallenzulassen, wenn das Haus noch sichtbar ist, zu dem man heimkehren möchte. *Innerlich* aber entsteht gerade auf diese Weise ein erschütterndes Bild von einem Jungen, der, weil er «abgeschoben» werden soll, «wieder und immer wieder» «still» steht und «nach dem Haus zurück»schaut, aus dem er – für immer – entfernt werden soll. Sieht man dieses Bild vor sich, so kann man endgültig nicht sagen, daß ein «Hänsel» auf diesem Weg in sein «eigenes Leben» geht oder daß es gerade so dabei sei, ein «selbständiger Mensch» zu werden, nur daß es eben «zu oft» rückwärts schaue; vielmehr kommt gerade in Hänsels Worten jetzt die Wahrheit seines Schmerzes und seiner Sehnsucht in Form seiner «Lüge» nur um so deutlicher zum Ausdruck: «Mein Kätzchen auf dem Dach, das sagt mir Ade...!» Wieviel Heimweh teilt allein in dieser offensichtlichen «Fehlwahrnehmung» sich mit! Man muß sich nur

1
Ludwig Dettmann
Im Leide, 1893
Museum für Kunst
und Kulturgeschichte,
Lübeck
Photo: © Herbert Jäger

2
Edward Munch, Trost im Wald, 1923–1925
Munch Museum, Oslo

3
Käthe Kollwitz
Plakat gegen den
Paragraphen 218,
1924
Stiftung Archiv der
Akademie der
Künste, Berlin
© 1997 Pro Litteris Zürich

4a)
Käthe Kollwitz, Deutschlands Kinder hungern, 1924
Käthe Kollwitz Museum, Köln
© 1997 Pro Litteris Zürich

4b)
Käthe Kollwitz, Brot, 1924
Käthe Kollwitz Museum, Köln
© 1997 Pro Litteris Zürich

vorstellen, mit welcher Zärtlichkeit ein «Hänsel» sein Kätzchen gestreichelt haben wird, gerade wenn es sich selber sehr verlassen und einsam fühlte!

«Meine Katze», sagte vor einer Weile ein Mann im «Rückblick» auf seine Kindheit, «war das Lebewesen, das ich am meisten mochte, als ich klein war. Mit der Katze konnte ich reden, – sie verstand scheinbar alles. Sie umspielte meine Hände, sie schnurrte so lieb, und wenn es im Winter kalt war, kam sie in den Morgenstunden zu mir ins Bett. Mutter durfte das nicht erfahren, – sie duldete keine Katze im Schlafzimmer; aber ich hatte es gern, wenn sie sich bei mir aufwärmte. Sie war so schön – ganz schwarz, mit grünen, klugen, geheimnisvollen Augen, und so gewandt in jeder ihrer Bewegungen!»

Deutlich war zu spüren, wie frierend und verwaist sich dieser Mann selber in jungen Jahren gefühlt haben mußte; sein Kätzchen hatte er gestreichelt, um ihm stellvertretend all die Zuwendung und Zuneigung zu schenken, die er in seinem eigenen Leben so sehr hatte vermissen müssen; – wenigstens *ein* Lebewesen sollte es geben, das sich über seine Gegenwart *freute* und dem, umgekehrt, er *fehlen* würde, wenn er nicht da wäre. Es ließ sich nicht bezweifeln: Näher als jeder Mensch, näher als sogar Vater und Mutter, hatte diesem Mann sein Kätzchen gestanden. Und ganz ähnlich bei dem «Hänsel» des Grimmschen Märchens. Dieses Tier, das er zärtlich rückwärtsschauend «sein Kätzchen» nennt, scheint wenigstens zu wissen, was die katzenhaft sich gebärdende Mutter nicht wissen will: daß es bei dem Gang in den «Wald» eigentlich um einen Abschied für immer geht; dieses Tier wenigstens drückt den Kummer aus, der die Mutter erfüllen sollte, während diese «realitätsbezogen», alle Sentimentalitäten abwehrend, von einem «Sonnenaufgang» redet – am Beginn eines Tages, an dem einem Kinde die ganze Welt zu versinken droht...[32]

Nicht viel anders das Schauspiel am folgenden Tag: – da erklärt Hänsel der Mutter, sein *Täubchen* auf dem Dache sage ihm zum Abschied «Ade». Beide Szenen gleichen einander, doch ist da ein Unterschied. Ein Kind, das ein *Täubchen* sein eigen nennt, pflegt damit Gefühle sehr anderer Art, als sie in der Liebe zu einem «Kätzchen» zum Ausdruck kommen. Nicht zärtliche

Zuneigung, geschmeidige Ruhe, wohlige Wärme und schnurrige Stubenhockerei verbinden sich mit der «Taube auf dem Dach», eher Vorstellungen von Freiheit und Weite, von unerreichbaren Zielen und Idealen, aber auch von unverbrüchlicher Unschuld und Treue – kein Haustier findet so sicher über Wälder und Felder nach Hause zurück wie ein Täubchen.[33] «Komm wieder», scheint das Täubchen Hänsel zu sagen, nicht: «Geh mit Gott.» Es verkörpert ein letztes Mal den Wunsch des Kindes, die «gute» Mutter wiederzufinden, nur jetzt schon «geistiger», seelisch beweglicher; die Mutter aber, schon weil sie merkt, was Hänsel ihr «eigentlich» sagen will, weigert sich, auf diese Symbolsprache einzugehen, sie beharrt darauf: es ist nur der Schein der aufgehenden Sonne, der auf dem Hausdach sich spiegelt; der «Schlaf» der Kindheit, merke es Hänsel, hat zu Ende zu sein. Doch um ihr Verstoßenwerden willenlos über sich ergehen zu lassen, müssen die Kinder an dem künstlichen Feuer im «Walde» eingeschläfert werden... Sie sollen nicht merken, was sie längst doch schon wissen...

Denn die Wahrheit, welche die Kinder erleben, erfüllt sie mit «Gram» und mit «bitteren Tränen». So wie in der Mutter sich ein Teil der Seele abspaltete und in dem schwachen, doch gütigen «Vater» Gestalt gewann, so ist ein Junge von *Hänsel-und-Gretel*-Art gespalten in ein Kind, das nach außen, als «Hänsel», klug, wissend und äußerst selbständig handelt, während es innerlich, in seinem *Gretel*-Anteil, voller Heimweh und Traurigkeit ist[34]; – es hat seine Mutter verloren, und zwar nicht, wie in so vielen anderen Märchen, weil sie allzu früh starb, sondern, schlimmer im Grunde, weil die Not die einst Liebende, Gute, zu Härte und Abweisung drängte.

Adalbert Stifter in *Bergkristall*[35] hat auf anrührende Weise einmal die Geschichte zweier Kinder erzählt, die in der Weihnachtszeit nach dem Besuch ihrer Großeltern bei einsetzendem Frost und beginnendem Schneefall durch das Gebirge nach Hause zurückzukehren versuchen, sich aber im Gletscher verirren und erst am folgenden Tage von den Männern der ausgesandten Suchtrupps gefunden und zu den überglücklichen Eltern zurückgebracht werden. Auch in dieser kleinen Novelle ist es die Aufgabe des Jungen, sein ängstliches, müdes, folgsames, aber unorientiertes Schwesterchen aufzumuntern, zu trösten, zu führen und immer neue Pläne zur baldigen Rettung zu erstellen; freilich, was STIFTERS «Konrad» in dieser Geschichte mit seinen ganz vernünftig klingenden Gedanken und Mutmaßungen an Richtungsvorgaben und Richtungsänderungen sich so alles einfallen läßt, führt die Kinder Schritt für Schritt nicht nach Hause, sondern nur immer weiter in die Irre, und es mutet schon tragikomisch an, wenn wir die liebe «Sanna» auf so viel wisserisch wirre Klugheit ihres Bruder stereotyp mit: «Ja, Konrad», antworten hören. STIFTERS Erzählung handelt, symbolisch gelesen, davon, wie eine nur jungenhafte «Vernunft» in immer höhere Zonen der Kälte und Ausweglosigkeit sich verirrt. Das GRIMMsche Märchen hingegen erzählt von einem Jungen, der sich verstoßen und weggeschickt von gerade den Menschen fühlt, die er am meisten liebt und die «eigentlich» auch ihn sehr lieben; es erzählt von der nicht zu tröstenden Trauer einer Mutter, die ihr eigenes Kind verjagt, und von dem Versuch dieses Kindes, als Ausgestoßener nach «Hause» zurückzufinden; und es beschreibt, wie ein solches Kind, «Hänsel», sich selbst, sein «Schwesterchen», zu trösten versucht. «Ich will uns schon helfen», spricht es, als «Gretel» bereits um ihr Leben zu fürchten beginnt; und als es an Kieselsteinen, so viel nur in sein Rocktäschchen gehen will, aufgesammelt hat, redet es der Verzweifelten zu, sie möge nur ganz ruhig schlafen; ja, auch selbst legt das Hänsel sich noch einmal in seinem Bett nieder und schläft seelenruhig ein.

Die Erklärung, wie eine solche Beruhigung absoluter Verlassenheitsangst im Herzen eines Kindes wider alles Erwarten doch möglich ist, geben die BRÜDER GRIMM mit einem Hinweis, der in ihren «Kinder- und Hausmärchen» gewiß nicht überbewertet werden darf, der aber an dieser Stelle psychologisch wohl mehr enthält als das übliche Stilmittel, wie «gut und fromm» «Hänsel» und «Gretel» doch sind. Als der Knabe, sehr im Kontrast zu der Härte der «Wirklichkeit», sein «liebes Schwesterchen» auf das zärtlichste tröstet, fügt er zur List seiner Kieselsteine ein festes Gottvertrauen noch hinzu: «Der liebe Gott wird uns schon helfen»; mit diesen Worten begibt er selber sich zur Ruhe. Gewiß, es wird jedem Psychoanalytiker leicht fallen, in einem solchen

«Gottvertrauen» nichts weiter zu sehen als eine Kompensationsbildung zu dem Verlust der Eltern.[36] Der «gute Gott» ersetzt hier einfach die «gute Mutter», die das Kind auf Erden fortan so schmerzlich vermißt. Wie aber, wenn die komplexe Psychologie C.G. JUNGS recht hätte: wir bildeten uns «Gott» nicht ein, wir trügen vielmehr das Bild eines «mütterlichen» bzw. «väterlichen» Schutzes archetypisch bereits in uns, wenn wir zur Welt kämen, und die «zufälligen» Personen von Vater und Mutter seien nur die ersten Träger der entsprechenden projektiven Sehnsüchte, die letztlich über alle Menschen hinaus in die Sphäre des Religiösen gingen?[37] Dann erschiene es als mehr denn berechtigt, wenn ein Kind sich über den Verlust seines Vaters, seiner Mutter, damit trösten wollte, daß es niemals ganz verlassen und vergessen sein kann. In der GRIMMschen Erzählung von *Hänsel und Gretel* wird diese Überzeugung später nicht mehr aufgegriffen, sie bewirkt aber an der entscheidenden Stelle, daß «Hänsel» nicht völlig entmutigt wird. Die Tiere – und Gott, dazwischen steht in diesem Augenblick ein gänzlich vereinsamtes Kind, das schauen muß, wie es sich in einer fremd gewordenen dunklen Welt, im nächtlichen «Walde», zurecht finden kann.

Irgendwann, erzählen die BRÜDER GRIMM weiter, seien «Hänsel» und «Gretel», nachdem sie jeder sein Stücklein Brot gegessen, am Feuer im Walde eingeschlafen, – beruhigt durch das stete Klopfen eines Astes im Wind, das sie trotz «besseren» Wissens für das Schlagen der Holzaxt des Vaters in der Nähe gehalten hätten[38]; endlich, als sie, die Nacht war schon finster, erschrocken aufwachten, habe «Gretel» zu weinen begonnen; – genau das, was die Kinder verhindern wollten, war eingetreten: müde vor Traurigkeit[39] und getäuscht vom eigenen Wunschdenken, umsorgt vom Rest der Wärme des elterlichen Wohlwollens, waren die Augen ihnen zugefallen; und was nun tun?

Es gibt, um den Seelenzustand einer solchen geängsteten Einsamkeit zu verstehen, wohl kein «sprechenderes» Bild als das Gemälde des norwegischen Malers EDVARD MUNCH: *Trost im Wald* aus den Jahren 1923–1925 *(Abb. 2)*[40]: Inmitten der riesigen, fast erdrückenden Kulisse eines Waldes sieht man dort, rechts unten, wie winzig im Schatten der mächtigen Bäume, ein Paar: sie, das Gesicht in den Händen vergraben, in sich zusammengekauert, das schwarz umrandete Haar streng in der Mitte gescheitelt, so als zerfiele ihr Geist in zwei miteinander unvereinbare Hälften, er, fast ein Knabe noch, schmal, nackt, seine ganze Haltung ihr zugewandt, streckt seinen rechten Arm nach ihr aus, der, überlang, sie zu erreichen sucht, während die Linke wie hilflos sich um ihre Schultern legt. Man sieht unwillkürlich: diese beiden sind einen Weg zusammen gegangen, den sie offenbar gehen mußten, doch dieser Weg erlaubt kein Zurück mehr. Und wohin hat er sie geführt? Das wissen sie nicht. Die Welt, die sie einhüllt mit all ihrem üppigen Laubwerk, die schweigt. Jedes Blatt, jeder Baum weiß zu leben, nur diese beiden wissen es nicht. Sie sind Verlorene, – Adam und Eva jenseits von Eden, Verkörperungen der ewigen Geschichte aller Verzweifelten, zweier Menschen, die nur noch sich selbst haben, um sich zu trösten, keinen Vater mehr, keine Mutter mehr, nur ihre Angst, ihre Ungeschütztheit und den Versuch, einander nahe zu bleiben. Wie wieder «nach Hause» kommen in solcher Lage? Wie bei sich selber ankommen unter solchen Bedingungen?

Essen ist gegessen werden oder: Ein magersüchtiger Alptraum

Daß «Hänsel» und «Gretel» beim ersten Mal mit Hilfe der «Mondkiesel» wie auf einem Traumweg zu ihren Eltern zurückfinden, mag eine Phase in der Entwicklung eines Jungen wiedergeben, dem es eine Zeitlang gelingt, die Abweisung durch seine Mutter unter Einsatz einer buchstäblich «phantastischen» Anpassungsleistung auszugleichen. Bald aber – im Märchen bereits am darauffolgenden Tage – verschärft sich trotz allem die Notlage im elterlichen Hause so sehr, daß die Mutter ihren «Abschiebungs»beschluß erneuert, und dieses Mal kommt «Hänsel» des Nachts nicht mehr «ins Freie», um die nötigen «Kiesel» zur Markierung des Rückwegs aufzusammeln. Da verfällt er, ein hungerndes Kind, auf die unglaubliche Idee, sein Stückchen Brot auf den Weg zu streuen! Die Hoffnung keimt auf, die Rückkehr «nach Hause» könnte gelingen um den Preis, die eigene «Wegzehr» auf dem «Wege» zu opfern![41]

«So war das», berichtete ein Mann von einem Erlebnis im Alter von etwa neun Jahren, das dieses Motiv des Märchens sowie den Fortgang seiner ganzen Handlung zu erklären vermag. «Ich suchte dringend nach einem Weg, die Liebe meiner Mutter zurückzugewinnen; ich wollte einmal etwas ganz Richtiges tun. Zwar wußte ich, daß sie mich liebhatte, doch alles, was sie tat, war überlagert von Sorgen, Selbstzweifeln und Depressionen, – sie kam gar nicht dazu, die Dinge zu tun, die sie eigentlich wollte, und auch ich fand keinen richtigen Zugang zu ihr. Ich konnte mit ihr nicht sprechen, nicht spielen, nicht spazierengehen; ich hatte das Gefühl, ihr mit allem, was ich gerne mochte, lästig zu fallen, und natürlich wollte ich das nicht. Nach und nach lernte ich, daß ich am meisten ihren Vorstellungen entsprach, wenn ich gar nichts mehr von ihr wünschte, wenn ich mich möglichst bedürfnislos machte, wenn ich so tat, als brauchte ich sie gar nicht. – In diesem Zusammenhange entsinne ich mich einer eigenartigen Begebenheit: Zum Nikolaus-Tag hatte ich einen Teller mit einem Weckmann, einem Apfel, ein paar Haselnüssen und ein paar Plätzchen bekommen; Nahrungsmittel waren in der Nachkriegszeit heißbegehrt, und so bedeuteten diese Geschenke eine große Freude für mich. Denn wenn ich auch nicht mehr, wie noch ein paar Jahre zuvor, daran glaubte, daß der heilige Nikolaus selber vom Himmel kam, um braven Kindern all diese Herrlichkeiten zu bringen, so wurde an diesem Abend doch wieder etwas von jenen Erinnerungen wach, in denen ich früher geschwelgt hatte. Diesmal aber ging etwas Merkwürdiges in mir vor sich. Ich naschte nur ganz wenig von dem Teller; dafür ließ ich an den folgenden Tagen nach und nach alles verschwinden und legte es in einem Päckchen zusammen, das ich drei Wochen später dann als mein Weihnachtsgeschenk den Eltern zurückgab. Tatsächlich lobte mich meine Mutter dafür, daß ich ein so beherrschtes Kind sei; sie schien sogar etwas stolz auf mich zu sein, doch war ihr mein ‹Geschenk› auch irgendwie peinlich. Sie wußte nicht so recht, was sie davon halten sollte, und ich selber im Grunde noch weniger.»

Tatsächlich ist kaum eine Szene vorstellbar, die so genau den «Heimweg» eines *Hänsels* am zweiten Tag seines Verstoßenwerdens verdeutlichen könnte, wie diese Erinnerung an eine verlorene Kindheit, während sie umgekehrt von dem Grimmschen Märchen her ihre Deutung erhält. Da ist ein Junge, der wörtlich die Bröckchen seines «Brotes» sich vom Munde abspart und sie in gewissem Sinne auf den «Weg» streut, um entlang der Spur seiner Verzichtleistungen zu seiner Mutter zurückzufinden.[42] Ein großes Muttersöhnchen? Gewiß, wer sehr kritisch ist, mag so sprechen; doch hat man in Wahrheit ein Kind vor sich, das auf seine Mutter gerade nicht aus Gründen der Verwöhnung fixiert ist, sondern aus Gründen der *Härte* und der Not.[43] «Die Mutter in ihrer Not wird mich (wieder!) lieben, wenn ich gar nichts mehr esse, wenn ich freiwillig auf so viel verzichte, daß ich Schritt für Schritt ihre Zurückweisung zu revidieren vermag.»

Will man eine Anschauung davon gewinnen, mit welchen Gefühlen ein solches Kind an seiner Mutter hängt, so braucht man

nur noch einmal an Dettmanns Bild *Im Leid* zu denken, oder man betrachte, womöglich noch eindringlicher, das Plakat, das Käthe Kollwitz 1924 als Litho *gegen den Paragraphen 218* entworfen hat *(Abb. 3)*[44]: Eine Mutter steht da, ein Mädchen fast noch, kleinwüchsig, hilflos, *ein* Kind auf dem Arm, ein anderes, sichtbar, wächst schon wieder in ihrem Leibe, während, in ihre linke Hand gedrückt, ein vielleicht vierjähriges Kind steht, mit riesengroßen, traurigen Augen, die in eine Welt schauen, die es nicht versteht und in die es nicht gehört; der Gesichtsausdruck dieses Kindes ist wie ein Flehen, bei der Mutter bleiben zu dürfen, *die* aber, erschöpft und selber am Ende ihrer Kräfte, schaut in eine Zukunft, von der sie erkennbar nicht weiß, wie es sie geben soll. *Wer* von Kirche, Justiz und Gesellschaft, fragt dieses Plakat, hat die Stirn, dieser Frau ins Angesicht zu befehlen, sie müsse dem Schöpfergott danken für die Gnade der Fruchtbarkeit, sie habe selber kein Recht, den «Kindersegen» künstlich zu verhindern oder gar «die werdende Leibesfrucht» abzutreiben? Erweisen sich vor diesem Bilde all die Paragraphen, Gebote und Strafandrohungen der geistlichen und weltlichen Behörden nicht als eine blinde und blindwütige Moralisiererei und Besserwisserei, die, im Wahne, Menschenleben zu «schützen», die lebenden Menschen in ihrem Elend schutzlos allein läßt?[45] Dieses kleine Kind, so viel ist zu sehen, könnte nur leben, wenn es nicht an der Seite seiner Mutter *ver*drängt würde durch die schon *nach*drängenden weiteren Kinder. Im Namen dieses Kindes müßte man diese Mutter förmlich anflehen, nicht noch weitere Kinder zur Welt zu bringen; wie aber fühlt sich ein Kind, dessen Sein darin gründet, andere neben sich wegzuwünschen? Fühlt es sich selbst nicht schon wie zu Recht mit Nichtachtung oder gar *Miß*achtung belegt? Und wie soll es das Getto seiner Verzweiflung je wieder verlassen, außer es versucht, alle Ansprüche, die schon die Natur ihm diktiert, zu *verleugnen*? Wenn wir das «Hänsel» des Grimmschen Märchens bisher einen Mondscheinphantasten genannt haben, einen Träumer, der aus Angst und Anhänglichkeit die Härte der realen Herausforderung leugne, so sehen wir jetzt die Gedanken eines solchen Jungen unter dem Druck unüberschreitbarer Schuldgefühle in eine ganz eigentümliche Richtung gehen: «Ich behalte meine Mutter nur, wenn ich sie nicht in Anspruch nehme; ich komme bei ihr nur an, wenn ich alles weggebe, was sie mir gibt; ich finde zu ihr nur zurück, wenn ich auf den Boden werfe (und mit Füßen trete), was sie mir mit so viel Mühe ermöglicht...» Solcher Art sind die Gedanken und Überlegungen, die sich nach und nach in einem «Hänsel» festsetzen und die nun wie von selbst aus der Enge des Elternhauses hinüberleiten zu der vermeintlichen Großzügigkeit des «Hexenhauses».

«Ich entsinne mich noch», berichtete der Mann weiter, «wie es war, wenn wir zu Hause in der Nachkriegszeit miteinander das Brot teilten. Es gab stets nur einen ganz bestimmten Vorrat; alles war rationiert, alle litten wir Hunger. Aber das schlimmste war, mitansehen zu müssen, wie mein Vater, der selber hart arbeiten mußte, um das Nötigste zu verdienen, uns Kindern von dem mitgab, was er selber so nötig gebraucht hätte. Natürlich mochte ich das Brot gerne; gierig geradezu griff ich danach und schlang es hinunter; aber ich fühlte mich dabei unsäglich schuldig: Ich aß meinem Vater, meiner Mutter, meinen Geschwistern, ich aß allen alles weg. Mit jedem Bissen Brot vermehrten sich meine Gewissensbisse. Ich sah doch, wie die anderen mich anschauten... Wir lebten damals wie auf einem Floß im Ozean, auf dem die Vorräte zur Neige gehen und für das weit und breit keine Rettung in Sicht ist.»

Man muß, um diese Szene zu verstehen, nur noch eine andere Zeichnung von KÄTHE KOLLWITZ aus dem Jahre 1924 daneben halten, die den Titel trägt: *Deutschlands Kinder hungern* (*Abb. 4a*)[46]. Die Augen der Kinder auf diesem Bilde sprechen so flehend, ihre ausgestreckten Hände mit den leeren Schüsseln reden so eindringlich, daß man sich nur noch die Mutter hinzudenken muß, der diese Kinder «gehören», der aber durchaus nichts gehört, was sie ihnen geben könnte, und man hat einen Kommentar zu dem «Hunger» in dem *«Hänsel-und-Gretel»*-Märchen, wie er eindringlicher kaum sein könnte. Zwei Jahre später hat KÄTHE KOLLWITZ darüber hinaus noch eine andere Graphik mit dem fordernden Titel *Brot!* entworfen, die die entsprechende Szene sozusagen «vollständig» wiedergibt (*Abb. 4b*)[47]: Zwei Kinder sind da zu sehen, die sich bettelnd vor ihre Mutter stellen beziehungsweise sich an sie hängen, während diese Frau selber,

gekrümmt von der Last einer untragbaren und unerträglichen Verantwortung, dem Betrachter den Rücken zukehrt, – auch er wird ihr keinerlei Hilfe bringen! –; von ihrem Kopf, den sie, vorgeneigt, offenbar mit dem Arm bedeckt, ist nur der obere Haarkranz zu sehen; nur mit Mühe gelingt es dieser Frau, das Kind rechts von sich wegzuschieben – sie möchte es nicht, doch was bleibt ihr übrig? Wie aber nun, wenn ein Junge erst einmal begreift, was er seiner Mutter zumutet, wenn er so dasteht wie jenes Kind mit den offenen Augen und dem offenen Mund oder wenn er, wie jenes andere, geradezu blind an ihr zerrt? Irgendwann wird er fühlen wie das «Hänsel» in dem GRIMMSCHEN Märchen: Man muß auf jegliche Nahrung *Verzicht* zu tun lernen, denn nur so wird es möglich sein, zu der «guten» Mutter zurückzufinden! Und doch wird es selbst so nicht gelingen, wieder «nach Haus» zu gelangen. Denn da sind «die vieltausend Vögel», die geschwind all die Brotkrumen wegpicken, – Gedanken und Schuldgefühle, mit anderen Worten, die selbst das «Speiseopfer» eines «Hänsels» entwerten.[48] Zwar spricht das GRIMMSCHE «Hänsel» getrost, wie ADALBERT STIFTERS «Konrad» in der Erzählung vom *Bergkristall*, zu seinem Gretel: «Wir werden den Weg schon finden»; doch in Wahrheit beginnt jetzt ein Weg durch die «Nacht», ein Umherirren noch einen «Tag» und noch eine «Nacht» – eine Verwirrung und Verunsicherung aller Gefühle, aller Gedanken und wieder aller Gefühle...[49], ein Nicht-ein-noch-aus-Wissen, eine vollständige Orientierungslosigkeit, eine notdürftige Rückbesinnung auf das Leben von ein «paar Beeren, die auf der Erde standen», ein Fristen des Daseins also mit dem, was «die Mutter Natur» den Menschen wie von allein schenkt, *außerhalb* jeglicher Nahrungskonkurrenz, *außerhalb* folglich auch aller Vorwerfbarkeit, *jenseits* mithin aller *Schuldgefühle!*[50] – Es ist jetzt nur noch *ein* Schritt, und die ganze Szene kippt um in den Gang hinüber zu der Welt einer Schwarzen Magie aus Verheißung und Angst, aus Verführung und Strafe, aus Essen und Gefressenwerden.

Der «Übergang» von der *Mutter*welt zur *Hexen*welt, erzählt uns das GRIMMSCHE Märchen, geschieht, als «am dritten Morgen», während die Kinder sich immer tiefer in den «Wald» verirren und sie fast schon zu verschmachten drohen, «ein schönes schneeweißes Vöglein» sich auf einen Ast setzt und «so schön» singt, daß die Kinder «stehenblieben und ihm zuhörten». Dieses *weiße Vöglein* markiert den Eintritt in jenes Zauber- und Geisterreich, in dem es Häuser aus Lebkuchen geben kann – eine Welt voller Wünsche und Visionen, voller Träume und Alpträume, voller Ahnungen und Ängste[51]; darüber hinaus aber gibt das weiße Vöglein, weit konkreter noch, allein schon durch seine *Farbe* das Hauptmotiv wieder, durch das ein «Hänsel» im weiteren «Fortgang» der Geschichte jetzt buchstäblich «verlockt» wird, – das ist: die Faszination gänzlicher *Unschuld und Reinheit.*[52] Die Bedeutung dieses Verlangens nicht mehr nur nach Nahrung, sondern nach *Unschuld* ist für das Verständnis alles Weiteren von außerordentlichem Gewicht.

Was denn soll ein «Hänsel» in seiner Lage jetzt tun? Wann immer es dasteht wie der Junge auf dem *Brot*-Bild der KÄTHE KOLLWITZ, werden es die schlimmsten Gewissensbisse «heimsuchen». Daß man den Nahrungswunsch selbst unterdrücken, beherrschen, *ignorieren* muß, um als ein «gutes» Kind die «gute» Mutter wiederzufinden, das war, wie wir sahen, die letzte Lektion vor dem «Umherirren» im Walde. Was indessen jetzt sich begibt, während das «weiße Vöglein» den Weg weist, kommt einem vollständigen und doch im Grunde nur völlig konsequenten Umbau des gesamten Antriebserlebens eines «Hänsels» gleich.

Gemeinhin gilt das *Kuchenhaus* im «Walde» für «unproblematisch» – jedes Kind, das die Geschichte bis hierhin hört, wird an dieser Stelle jubeln vor Glück; das Bild ist, deutlich erkennbar, eine kindliche Wunschphantasie, nichts weiter, so scheint es. Doch wenn wir es hier schon mit reinen «Phantasien» zu tun haben, was für Gedanken und Eindrücke melden sich in ihnen da eigentlich zu Wort?

Die einfachste Antwort lautet: Wir haben es mit einer rein kompensatorischen Wunscherfüllungsvorstellung zu tun[53], die einen gewissen Ausgleich zu den Entbehrungen in der Realität schaffen soll. Daran, zweifellos, ist etwas Wahres. An nichts wird ein Mensch, der hungert, so oft und so gern denken wie an Nahrungsmittel. «Es war ein einfacher Trick», gestand vor Jahren ein Mann, der in russischer Kriegsgefangenschaft einen Trupp Kameraden ruhig zu halten versucht hatte; «ich habe denen einfach Kochrezepte diktiert. Ich hoffe nicht, daß jemand meine Anweisungen wirklich behalten hat, denn ich verstand rein gar nichts vom Kochen; aber die Leute fieberten danach und wollten alles ganz genau wissen. ‹Wie war das? Das muß ich meiner Frau sagen! Drei Eier verrühren, und dann? Wieviel Mehl?› Ich beschwor einfach meine eigenen Hungerphantasien und schilderte sie als praktische Möglichkeiten, sich selber die schönsten Dinge zu bereiten. Und das half! Eine Art einschläfernder Autosuggestion!»

So ähnlich wird man sich den Weg von «Hänsel» und «Gretel» vom Haus ihrer Mutter, die eine «Hexe» wird, hinüber zum Haus der «Hexe», die ihre Mutter wird, vorstellen müssen. Das Häuschen im «Walde» ist zunächst nichts weiter als die teils bewußte, teils unbewußte Umkehrphantasie zu den Entbehrungen der Realität.[54] Während es im Hause der Eltern gar nichts mehr zu essen gibt, bietet dieses Häuschen im Walde nicht nur Nahrung im Überfluß, es besteht selber ganz und gar aus Brot; mit Kuchen ist es gedeckt; und seine Fenster sind gefertigt aus Zuckerwerk. So sehr entspricht diese Wunschvorstellung von dem Haus aus «Lebensmitteln» dem Erleben *jedes* Kindes, daß in der Vorweihnachtszeit manche Mutter, die es besonders gut mit ihren Kindern meint, ein solches Lebkuchenhäuschen ihnen zum Geschenk machen wird, und die Kleinen selber werden in jenen Stunden zu «Hänsel» und «Gretel», nur ohne den Hintergrund all des Elends und all der Not, die das GRIMMsche Märchen so eindringlich schildert. Der gesamte Ritus der Weihnachtszeit besteht in einer derartigen Gegenbesetzung: Kerzen anzuzünden gegen die Dunkelheit draußen, Lebkuchen zu verteilen gegen den Hunger des Winters … Die Freude, die ein solches «Spiel» bereitet, liegt offensichtlich in der *Regressionslust,* mit der hier die Welt *kleiner* Kinder wiederbelebt wird. Es ist nicht zu viel gesagt: In diesem «Lebkuchenhäuschen» gewinnt die Mutter der *Säuglingszeit* noch einmal Gestalt, als sie mit ihrer Gegenwart ihrem Kind *alles* war: Nahrung und Halt und Wärme und Trost…[55] Dahin zurück treibt die Angst der Verlassenheit «Hänsel» und «Gretel», in ein Kinderparadies vollendeter Harmonie, als es die «orale» Zerspaltenheit noch nicht gab.[56] Dahin möchten und müssen die beiden Kinder *zurück,* wenn irgend es für sie «*vorwärts*» gehen soll.[57] Und doch ist bereits alles so gestellt, daß es ein solches «Zurück» nicht mehr gibt. Sie nehmen, «notwendig» in wörtlichem Sinne, das Bild ihrer Mutter in dieser Umkehrung mit: während hinter der verweigernden *bösen* Mutter, wie wir sahen, eine herzensgute, nur verzweifelte Frau sichtbar wird, versteckt sich in dem Wunschtraum der *guten* Mutter der Alptraum der endlos hungrigen, *fressenden* Mutter.

Der Kontrast könnte größer kaum sein: In HUMPERDINCKS Oper kommt das Sandmännchen zu den Kindern, während sie in einem hohlen Baum einschlafen, und es ist ihr eigener vertrauensvoller Nachtgesang, mit dem sie sich an die Worte des Gute-Nacht-Gebetes der Mutter erinnern: «Abends, wenn ich schlafen geh, vierzehn Englein um mich stehn...» Es ist der friedliche Vorabend, ehe sie am folgenden «Weihnachtsmorgen» zum Haus der «Knusperhexe» gelangen. Selbst die «Hexengestalt» HUMPERDINCKS stellt nicht eigentlich eine Bedrohung für die Kinder dar; sie ist nichts weiter als die Unmutsseite der guten Mutter mit ihrem Brei, die sie durch ihre Untätigkeit, das heißt durch ihr verspieltes Herumtollen «geärgert» haben; sie ist der Schatten der mütterlichen Angst, die Kinder könnten als Beschimpfte, Bestrafte im «Walde» verlorengehen. Und daneben nun die «Phantasie» des «*Hänsel-und-Gretel*»-Märchens von einer Frau, die nur darauf wartet, die Kinder in ihre Nähe zu locken, um sie selber zu fressen!

In der Völkermythologie existiert wohl nur *eine* Überlieferung, die diesem Alptraum kongenial ist, das ist die religiöse Hungerphantasie der grönländischen Eskimos, in der Tiefe des Meeres, weit unterhalb des Eises, hause die ungeheuere *Sedna,* deren Gier nie ende und die alles verschlinge, was in ihren Einflußbereich gerate[58], – sie ist eine entfernte Schwester der nordgermanischen *Ran,* die mit ihren wütenden Sturmfluten Mensch und Vieh an der Küste des Meeres bedroht.[59] Es sind die *Ambivalenzen* von Hunger und Not, die das Bild *jeder* Mutter im Erleben von Kindern derart widersprüchlich erscheinen lassen. Es gibt aber kein anderes Märchen der BRÜDER GRIMM, das wie die Geschichte von «*Hänsel und Gretel*» in solch unerbittlicher Konsequenz den Akzent einzig auf die Verformung der Not, auf

den Aspekt des Hungers legen würde: Wer in dieser Welt etwas zu essen wagt, der droht augenblicklich zur Strafe selber gefressen zu werden. Die *Falle,* in die «Hänsel» und «Gretel» geraten, ist schier unvermeidlich.

Alles beginnt, wir erinnern uns, mit dem Erscheinen des schneeweißen Vögleins, das vor den Kindern herfliegt und sich schließlich, wie das Täubchen auf dem Dach des elterlichen Hauses, auf dem Brothäuschen niederläßt. Wie wäre es, scheint dieses Vöglein zu sagen, es gäbe einen Ort auf Erden, an dem man essen kann nach Herzenslust, und es ist von allem so viel vorhanden, daß man keinerlei Schuldgefühle dafür zu haben braucht? Nicht nur zu essen, sondern vor allem: zu essen ohne Vorwürfe von drinnen oder draußen – diese Verheißung lebt in dem «schneeweißen Vöglein». «Nahrung» und «Unschuld» bedingen sich dabei wechselseitig: Solange es Speise im Überfluß gibt, braucht niemand zu fürchten, er äße dem anderen weg, was dieser selber zum Leben benötigte; aber auch umgekehrt: Nur ein Kind, das «unschuldig» genug ist, findet seine Mutter als eine Frau ohne Zurückweisung wieder. Das aber ist jetzt die Frage: was heißt es, «unschuldig» zu sein? Vor drei Tagen noch sahen wir das Hänsel willens, seine Nahrung zu «*opfern*», um den Weg nach Haus zu markieren; eine völlige «Reinheit», eine gänzliche Entlastung von allen oralen Schuldgefühlen ist im Grunde nur möglich bei einem *völligen Verzicht* auf jegliche Nahrung. Und in genau diese «Richtung» sehen wir das «Hänsel» des GRIMM-schen Märchens jetzt auch im folgenden gehen.

Kaum nämlich entdecken die Kinder unter der Führung des schneeweißen Vögleins das Brothaus im Walde und beginnen nach Herzenslust davon zu essen, als eine «feine Stimme» von drinnen sich meldet und vorwurfsvoll fragt, wer da von «meinem Häuschen» knabbere. Die Kinder essen etwas, das ihnen nicht gehört, erklärt im Grunde diese «feine Stimme» «aus der Stube heraus»; was sie tun, mit anderen Worten, kommt einem Diebstahl gleich.[60] Es ist das eigene «Gewissen», das zu den Kindern so spricht; doch was läßt sich tun, diese Stimme zum Schweigen zu bringen?

Die Kinder, verraten uns die BRÜDER GRIMM, lassen sich beim Essen nicht «irremachen», und tatsächlich schmeckt Hänsel das Kuchendach und Gretel die Fensterscheibe aus Zuckerwerk so gut, daß sie sich große Stücke davon abbrechen und sich gütlich daran tun. Dafür aber müssen sie neuerlich eine «Lüge» ersinnen, die sich zwar lustig und schlagfertig anhört, in Wirklichkeit aber, wie alle «Lügen» bisher, auch eine neue *Wahrheit* verrät: «der Wind» sei es, sagen sie, der an dem Häuschen nage, «der Wind, der Wind, das himmlische Kind», nicht sie, die Kinder «armer Holzhacker». Geschickt *ist* diese Antwort: – stets zerrt an einem Hause der Wind, und nach und nach zehrt er es auf; ein nagender, schneidender, beißender Wind also, warum nicht? Zugleich kehrt freilich die Antwort die Täuschung um, der die Kinder seinerzeit selber am Feuer der Mutter erlagen: damals schliefen sie ein, weil sie das Spiel des Windes mit einem Ast für das Klopfen der Axt ihres Vaters hielten; jetzt erfinden sie selber den «Wind», um ihre Gewissensbisse beim Essen einzuschläfern.[61] Sie gehen gewissermaßen noch einmal den Weg durch die Zeit zurück, der sie von ihrer Mutter getrennt hat. Doch welch ein Eingeständnis liegt in ihrem «Geständnis», es sei «nur» der Wind, der das Haus verzehre! Die Kinder selber, um weiter sorglos essen zu können, müßten als rechte «Himmelskinder» so sein *wie der Wind:* – wenn sie selbst nur noch lebten wie Luft, und ihr Essen wäre dem Atem gleich[62], ein reiner Austausch ohne sichtbaren Schaden, dann, ja, dann wäre es möglich, das in Augenblicken des Mangels schier unlösbare Problem zu lösen: wie man essen kann, ohne einem anderen tödlich zu schaden. Doch diese «Lösung», natürlich, ist illusionär; sie ist weniger eine Lüge als vielmehr ein Selbstbetrug, der den Konflikt nicht beseitigt, sondern nur ein letztes Mal, und jetzt ins Endgültige, steigert. Denn statt die «Lüge» der Kinder zu ahnden, erscheint nunmehr «eine steinalte Frau», auf eine Krücke gestützt, mit wackelndem Kopfe, und so schrecklich ihr Anblick die Kinder anmutet, so freundlich spricht sie gleichwohl mit ihnen: kein Leids werde ihnen geschehen, sie sollten nur hereinkommen und bleiben; und wie um ihre Worte als wahr zu erweisen, stellt sie ihnen auf den Tisch, was ein Kind irgend nur mögen kann: «Milch und Pfannekuchen mit Zucker, Äpfel und Nüsse», und selbst damit nicht genug: «Hernach wurden zwei schöne Bettlein weiß gedeckt, und Hänsel und Gretel legten sich

hinein.» Was Wunder, wenn die Kinder wähnen, «sie wären im Himmel»? Doch sie sind in der «Hölle»! Die Alte ist eine Zauberin, eine menschenfressende Hexe, die personifizierte Arglist und Grausamkeit – sie ist: das genaue Gegenbild ihrer Mutter![63] Hänsel und Gretel, mit anderen Worten, sind nach den Tagen des Suchens tatsächlich wieder *zu Hause* angelangt, nur jetzt, vermittelt durch die Gegenbesetzung ihrer eigenen Wünsche, auf der anderen Seite der Wirklichkeit.[64]

Die Märchen und Mythen der Völker lieben es, etwas als «alt», ja, als sehr alt zu schildern, um in dem Uralten die Urgestalt, das Wesen von etwas zu malen. So hier: Die «Steinalte», die da aus dem Kuchenhaus kommt, ist recht eigentlich die Person gewordene Wahrheit dessen, was die Mutter eines *Hänsel-und-Gretel* für ihr Kind wirklich bedeutet: An der Außenseite, so sagten wir, tut eine solche Frau freundlich, gibt sie sich fürsorglich, ist sie voller Verantwortung, und schon wohl, so möchte sie selber auch sein, doch die Not erlegt es ihr auf, ihre eigenen Kinder von sich zu stoßen; ihr Ja ist ein Nein, ihre Zusage Absage, ihre Hinwendung Wegwendung, Ausweisung, Abschiebung. Die Wirklichkeit indessen, auf die wir jetzt stoßen, liegt noch ein Stück tiefer; sie lautet: wenn diese Frau Nahrung gibt, dann nur, um sie sofort vermehrt noch zurückzufordern; wenn sie einlädt, sich zu Tisch zu setzen oder sich zur Ruhe zu legen, dann nur, um selber die Existenz ihrer Kinder wie ein Nahrungsmittel in sich hineinzuschlingen[65]; wenn sie sieht, wie diese Kinder glücklich im Bette schlafen, so nur, um die Rotbäckig-Wohlgenährten nach ihrem «Nährwert» abzutaxieren – eine ungeheuerliche Vorstellung und doch der Kern jetzt des ganzen *Hänsel-und-Gretel*-Märchens! Wie ist eine solche Zuspitzung denkbar? *Abgewiesen* zu werden – das mag man verstehen – ist für ein Kind äußerst schlimm; aber von der Mutter *verschlungen* zu werden, – das ist das Äußerste; und stellt das eine nicht gerade das Gegenteil des anderen dar? Wie sollen beide Bilder miteinander zusammenhängen?

Nun, den Zusammenhang haben wir uns im Grunde bereits erarbeitet; wir brauchen ihn nur noch in Worte zu fassen. Der «Übergang» von dem Hause des Hungers in das Haus des Überflusses, von der verweigernden Mutter zur fressenden Mutter liegt, unter der Führung des «schneeweißen Vögleins», in dem so oft schon erwähnten Bemühen eines Kindes in solcher Lage, zu seiner Mutter «nur gut» zu sein und ihr alles zu «opfern», was es empfangen hat. Gerade eine Mutter, die ihr Kind «eigentlich» liebt und es, selber mit schweren Schuldgefühlen, unter dem Überdruck der Not schließlich von sich weist, wird auf ihren Jungen, auf ihr Mädchen, vor allem mit dem Druck eigener schwerer Schuldgefühle einwirken; ein Kind im Schatten einer solchen Mutter wird auf die eine einzige Frage fixiert sein, wie es, bis zur Grenze völliger Selbstaufgabe, seiner Mutter «helfen» kann. Wie aber, wenn deutlich wird, daß das gar nicht möglich ist, daß dieser ganze Lebensentwurf vielmehr nur den Wert einer nützlichen Illusion zur Selbststabilisierung besitzt? Dann wächst sich die «Illusion» bald schon zum Alptraum aus, dann schnappt endgültig die Falle zu: Die «völlige Selbstaufgabe» dient dann nicht länger mehr einer Strategie des Überlebens, sondern sie wandelt sich in eine Art fixer Idee, in eine Obsession, die nicht mehr den Zweck verfolgt, die «gute» Mutter zurückzugewinnen, sondern die «böse» Mutter zu meiden.

Es gibt ein «Zuviel» eben auch auf seiten eines Kindes. Es kann alles mögliche versucht haben, um von seiner Mutter wieder geliebt zu werden, doch wenn es selbst beim Wegstreuen der eigenen Nahrung von der Mutter verlassen wird, soll es dann nicht beginnen, diese Frau, die sich seine Mutter nennt, insgeheim als ein hexenartiges Wesen zu entdecken, dem man geben kann, was man will, – es wird niemals genug haben, ein Oger, ein Vampir, eine alte, gebrechliche Person, gewiß, aber in Wahrheit eine Menschenfresserin der schlimmsten Art! Wenn eine solche Frau sagt: «Kommt, setzt euch und bleibt bei mir», dann, *gerade dann,* so gilt es zu lernen, ist höchste Gefahr im Verzuge; wenn sie spricht: «Kein Leids wird geschehen, kommt, schlaft nur ruhig ein», dann, *gerade dann,* droht sie, gleich einem Nachtmahr, sich über die Unschuldigen herzumachen. Ihre Liebe, nicht ihr Haß, so muß man erkennen, ist das bedrohliche. Ihre Liebe ist wie ein Magnet, der das Herz eines Kindes schon vor lauter Mitleid angesichts von so viel Hilflosigkeit wie seinen Gegenpol ansaugt und festhält. Es ist das «Ich habe dich lieb, nur muß ich dich verstoßen», das in der Seele eines Kindes irgendwann das Echo bildet: «Ich möchte bei dir bleiben, Mutter, doch habe ich unendliche Angst vor dir; auch ich habe dich lieb, doch auch ich möchte dich loswerden.» Das Furchtbare aber liegt darin, daß beide, weder die Mutter noch das Kind, auf lange Zeit hin aus dieser wechselseitigen Verstrickung mit eigenen Mitteln nicht herausfinden werden. Beide stehen zueinander jetzt in einem *suchtähnlichen* Verhältnis, gemischt aus Hunger, Sehnsucht, Ambivalenzen, Schuldgefühlen, Wiedergutmachungen, Lösungen, die zu Illusionen werden, Illusionen, welche die Stärke von wahnhaften Vorstellungen annehmen… Noch immer stehen wir nicht am Ende dieser Entwicklung, und schon gar nicht wissen wir, auch nicht entfernt nur, wie eine solche Beziehung sich auflösen ließe, da begreifen wir doch schon die enorme Steigerung dieser Tragödie.

Soeben, während ich an diese Dinge denke, spielt sich zwei Sitze vor mir im Bus etwas ab, das wie zum Beleg des gerade Gesagten sich darstellt: Ein etwa vierjähriger Junge sitzt weinend neben seiner Mutter; es weint aber dieses Kind nicht einfach, wie Kinder sonst weinen, es schluchzt vielmehr in sich hinein, und immer wieder schaut es fragend zu seiner Mutter auf: Wird sie vielleicht schon wieder ein bißchen weniger streng sein? Die aber bleibt nicht nur streng, sie steht schließlich auf und zerrt das Kind mit sich fort. «So was wie du muß ja dem Fahrer auf die Nerven gehen», sagt sie, und setzt sich mit dem Jungen demonstrativ vier Sitze weiter zurück. Später sehe ich den Jungen auf der Straße, immer noch leise weinend an der Hand seiner Mutter, wie er sich mit der Rechten den Mund zuhält. «Ich will doch gar nicht weinen», scheint er sagen zu wollen, «aber was soll ich denn machen? Es ist doch so schlimm, wenn keiner versteht!» Da ist sie: diese Situation eines *lästigen* Kindes, von der wir die ganze Zeit sprechen, und wir sehen vor uns auch schon die weitere Entwicklung: Dieser Junge, wenn er an der Seite seiner Mutter bleiben will, wenn er nicht ein «bockiges» und «aufsässiges» Kind werden möchte, dessen «Widerstandsgeist» man «brechen» muß, wird eines baldigen Tags schon die Nichtverstehende verstehen müssen, wird die Unliebsame liebhaben müssen und wird sich selbst doch verachten dafür, daß er Hochachtung zeigt vor einer Person, die ihn selber so sehr zu verachten

scheint …, wäre da nicht wieder doch dieser Rest an über-
anstrengter Liebe: man muß dieser Frau nur ins Gesicht schauen –
ihr hart gewordener Blick, ihr energischer, wie verschlossener
Mund …; man muß sich durchbeißen, das hat sie gelernt! Man
muß sich ihr anpassen bis zum Äußersten, das hat dieses Kind
gerade gelernt, das wird es zu lernen haben! Irgendwann verwandelt die verweigernd-liebende Mutter sich in die liebend-
fressende Hexe …

Die *Kinder- und Hausmärchen* der Brüder Grimm sind
wahrlich nicht sparsam im Schildern von Horrorszenen und
Alpträumen, doch wie die Geschichte nun weitergeht, wächst sie
zu einem Schreckensbild auf, das niemand jemals vergessen wird,
der Grund besaß, sie mit seinen eigenen Kinderängsten in Ver-
bindung zu bringen. Zwar wirkt die Szene noch relativ milde, ge-
messen an der sadistischen Schlächterei des «Menschenfressers»
in Charles Perraults Märchen vom *Däumling*: Nur mit
Mühe gelingt es dort der Frau des Ogers, die Kinder zu retten,
doch in der Nacht noch tut es dem Wüstling schon leid, seine Opfer nicht sogleich geschlachtet zu haben, und einzig *Däumling*s
List bringt es dahin, daß der Menschenfresser im Dunkeln die
Kinder mit seinen eigenen sieben Töchtern verwechselt und ihnen statt ihrer die Kehle durchschneidet, auf daß sie am anderen
Morgen schon mal gut «abgehangen» sind … In der Grimmschen Fassung der Geschichte erkennt die «Hexe» besonders in
dem schlafenden Hänsel einen «guten Bissen», und so packt sie
ihn am anderen Morgen und sperrt ihn hinter der Gittertüre eines
kleinen Stalles ein, um ihn dort wie ein Mastschwein fettzufüt-
tern. Es scheint nur noch eine Frage der Zeit zu sein, wann sich
das Schicksal des armen Kindes erfüllen wird; und es wäre da
auch keine Rettung, verfiele der Junge nicht erneut auf eine List:
Die alte Frau erweist sich als kurzsichtig, und so kann sie nicht
sehen, wieviel an Gewicht Hänsel bei seiner Mastkost schon zu-
gesetzt hat; jeden Morgen, wenn sie zur Inspektion an das Ställchen tritt, verlangt sie deshalb, daß Hänsel seine Finger heraus-
streckt, um daran seine Gewichtszunahme zu ertasten, der aber,
geistesgegenwärtig, hält ihr «ein Knöchlein» hin, an dem sich
zeigt, daß der Junge immer und immer nicht fett werden will …[66]

Da überlebt ein Junge das «Gefressenwerden» durch den
«Hunger»-Anteil seiner Mutter nur, indem er sich selber bis
zum Extrem hin *mager* stellt; denn einzig wenn es ihm gelingt,
jedes Anzeichen auch nur von körperlicher Wohlgenährtheit zu
vermeiden, wird er am Leben bleiben; nur solange seine Mutter
(und alle anderen «Kurzsichtigen») in ihm nichts weiter sehen
als Haut und Knochen, wird er es verhindern, «verschlungen»
zu werden. Wir brauchen dieses Bild nur ganz wörtlich zu nehmen, und wir sehen vor uns die Psychodynamik eines Jungen,
der als letzte Zuflucht seiner Angst die *Magersucht* wählt.[67]

Es gibt eine ganze Reihe brauchbarer psychoanalytischer
Theorien, warum Mädchen oder, weit seltener, Jungen[68] am Beginn ihrer Reife zur Frau oder zum Mann in die Magersucht ausweichen. Als Kernkomplex wird in all diesen Betrachtungen die
Bindung des Kindes an seine Mutter angesehen, von der es sich
gleichzeitig geliebt und verfolgt, weggestoßen und festgehalten
fühlt, während es selber sich ihr gegenüber ebenso verantwort-
lich wie überfordert erlebt. Wo aber in den Lehrbüchern würde
der Gang eines Kindes in das «Ställchen» seiner seelischen Ein-
kerkerung vor dem Hintergrund schwerer oral-sadistischer
Ängste derart einfühlbar und konsequent, als eine unausweich-
liche *Tragödie,* beschrieben wie in dem Grimmschen Märchen
von «*Hänsel und Gretel*»?[68] Alles, was wir bisher gehört haben,
erscheint jetzt im Rückblick als die absolut gradlinige, in sich
zwingende «Krankengeschichte» einer schweren Neurose im
Leben eines Jugendlichen, deren innere Achse die orale Problematik mit ihren nicht endenden Schuldgefühlen für die einfache
Tatsache darstellt, essen zu müssen, um am Leben zu bleiben.

Um sich in die Erlebniswelt eines magersüchtigen Kindes hineinzuversetzen, wird es keinen anderen Zugang geben, als von
diesem zentralen Empfinden auszugehen, das da heißt: «Ich
werde schuldig, sobald ich Nahrung zu mir nehme, und ich
werde zur Strafe dafür verstoßen, weil ich mit meinem Essen andere vernichte. Es gehört aber zu meiner Existenz, daß ich Nahrung zu mir nehmen muß. Also muß ich wählen zwischen Schul-
digsein und Dasein; ich aber wähle ein Dasein, bei dem ich nicht
schuldig werde. Wenn ich nicht esse, werde ich nicht schuldig.
Also werde ich ganz einfach leben, ohne zu essen. Niemand
mehr wird mich dann fortschicken. Niemand mehr wird dann

auf mich böse sein. Niemand mehr wird mir lügnerisch sagen, er liebe mich, nur um mich loszuwerden.»[69]

Das «Vorzeigen des Knöcheleins», das Ausweichen in die Magersucht, erscheint, so gesehen, als Lösung aller Probleme, die sich bisher ergeben haben; sie stellt einen extremen Versuch dar, niemandem auf Erden mehr lästig zu sein; sie dient dem ins Grenzenlose gesteigerten Verlangen, selber, wie ein *«schneeweißes Vöglein»,* ganz und gar *unschuldig,* als reiner Geist sozusagen, zu leben. Wenn es doch gelingen könnte, dem *Winde* gleich, ganz leicht, ganz weich, über die Erde zu gehen und endgültig keinem Menschen zur Last zu fallen, es würde sein wie die Rückkehr in ein verlorenes Paradies.

Ein Mann, der als Junge selber über ein Jahr lang an der Magersucht gelitten hatte, schilderte vor allem den zwanghaften, selbsthypnotischen Suchtcharakter seines Erlebens mit den Worten: «Es war, wie wenn ich (sc. mit der Krankheit) in eine andere Welt eingetaucht wäre. Lange Zeit zuvor schon hatte ich begonnen, in gewissem Sinne die ganze Ordnung der Dinge abzulehnen. Wie kann man eine Welt verstehen, in der ein Tier das andere frißt, in der eine Blume die andere verdrängt? Ich entsinne mich noch, wie ich einmal an einem schönen Sommernachmittag auf einer Wiese saß und mit Tränen in den Augen darüber nachdachte, daß ich allein jetzt, wenn ich durch das Gras ginge, womöglich viele Hunderte von Kleinlebewesen, Ameisen, Käfer, Insekten, würde zertreten müssen. Ich wollte das nicht, aber was blieb mir übrig? Man wurde in dieser Welt als Lebewesen anderen Lebewesen gefährlich, nur schon wenn man sich bewegte! Ja, wenn man über die Welt hätte schweben können wie ein Geist! Das am allerklarsten glaubte ich zu verstehen: daß man schuldig wurde, weil man einen Körper besaß; nur als ein reines Geistwesen würde es möglich sein zu existieren, ohne schuldig zu sein. Die Materie erschien mir als die Quelle aller Übel, und ich begriff nicht, wie Gott meine Seele darein verbannt haben konnte. An der Materie lag es, daß ein Körper den anderen von seinem Platz stieß, daß es Hunger und Gier gab, Mord und Zerstörung. Eine Welt ohne Körper – das müßte der Himmel sein, eine Welt, in der man um Nahrung nicht kämpfen mußte.

Es gab damals einen älteren Schulfreund, mit dem ich gern über die Kulturen des Altertums diskutierte: – PLATON zum Beispiel hatte es uns angetan. ‹Der Körper – ein Kerker – *soma – säma*›, hatte er gesagt.[70] Das verstand ich. Dieser Freund aber hatte begonnen, sich auch mit Psychologie zu beschäftigen, und so suchte er sein neues Wissen auf mich anzuwenden. Als er bemerkte, wie ich immer konsequenter die Nahrung verweigerte, erklärte er mir mit beredten Worten, ich wollte offenbar leben wie vor der Geburt – nicht mehr essen, nicht mehr trinken, nur noch versorgt werden; eigentlich sei ich ein großes Muttersöhnchen und wollte das nur nicht wahrhaben; ich hätte einfach Angst vor dem Leben. Heute weiß ich, daß er mit seiner Meinung gar nicht so daneben lag; was er mir sagte, war jedenfalls weit passender als die Sprechstunde bei unserem Hausarzt, zu dem ich irgendwann gehen mußte und der mir etwas von Kohlehydraten, Eiweißen und Calciumspiegeln beizubringen suchte. In Wirklichkeit bewohnte ich eine Wasserburg, in der ich ganz allein hauste wie ein Schloßgespenst; die Burg war umgeben mit einem tiefen, unüberwindlichen Wassergraben, über den keine Brücke mehr führte – ich selber hatte sie alle beim Einzug entfernen lassen. In jener Zeit mied ich die Menschen nicht nur, ich verachtete sie insgeheim. Denn sie alle wollten ja leben, mir aber kamen sie primitiv vor, schon eben ihres Willens zum Leben wegen. Ich hatte teil an einer höheren, überlegenen Erkenntnis, die nur mir gehörte, obwohl ich erstaunt war, daß nicht längst schon andere darauf gekommen waren. Millionen Leute hatten doch wohl schon PLATON gelesen, aber ich war offenbar der erste, der ihn wirklich verstand: Man mußte vom Körper sich lösen, man mußte alles Irdische abstreifen, man mußte in einen reinen Geist, in das reine Denken sich verwandeln. Nur so würde man frei sein, nur so ganz rein sein, eine unschuldige Güte lernen … Ich wollte niemandem weh tun. Das war der Kern von allem. Ich wollte niemandem mehr lästig sein.»

«Aber genau das müssen Sie doch geworden sein», wandte ich ein; «die anderen, Ihre Mutter etwa, wird sich um Sie noch viel mehr Sorgen gemacht haben; es muß sie geärgert haben, wenn Sie sich weigerten, am Mittagstisch ‹ordentlich›, wie man so sagt, zu essen. Und wenn Sie schon andeuten: – Sie mußten zum

Arzt..., auch Ihr Gesundheitszustand benötigte doch offenbar eines Tages eine besondere medizinische Betreuung.»

«Das stimmt, und es war für mich das schwierigste», bemerkte er zustimmend. «Ich wollte möglichst unauffällig leben – eine Mönchsklause mit zehn philosophischen Büchern hätte sich für mich in einen Palast der Wonne verwandelt. Aber Sie haben recht: Ich wurde natürlich den anderen immer sonderbarer. Daß sie Witze über mich machten, fand ich nicht schlimm, – es bestätigte nur mein Vorurteil über ihre niedrige Denkungsart. Schlimmer schon war es, daß meine zunehmende Entkräftung nach außen hin immer deutlicher sichtbar wurde. Natürlich versuchte ich, dagegen anzugehen. Ich suchte mir selber und allen anderen zu beweisen, daß ich immer noch laufen, daß ich 50 oder 100 oder sogar 150 Kniebeugen machen könnte, daß ich grundsätzlich alles können würde, was man von mir verlangte, und vor allem: was ich selber von mir verlangte. Wenn ich schon in einem Körper zu leben gezwungen war, so sollte er mir wenigstens widerspruchsfrei gehorchen. Mein Ideal war das Perpetuum mobile – etwas, das ständig tätig ist, ohne Betriebsstoff aufnehmen zu müssen. Ein Wahn, ja sicher, aber wie gesagt: Ich verspottete innerlich jeden, der mich auf den Widersinn meiner Lebensführung hätte hinweisen wollen. Ich wollte halt die Natur besiegen. Das Bedürfnis zu essen hatte ich fast schon überwunden. Aber auch das Bedürfnis zu schlafen! Ich stand absichtlich nachts auf, um mir zu zeigen, daß ich über die Naturgesetze erhaben war.»

«Aber natürlich holten diese Gesetze Sie ein?» hielt ich entgegen.

«Das war die Schwachstelle all meiner Konstruktionen», pflichtete er bei. «Ich wurde unsäglich müde. Mich irgendwohin zu legen und nie mehr aufzustehen – was hätte ich darum gegeben! Glauben Sie mir, ich suchte mit den Augen jeden Strauch und jede Treppe danach ab, ob sie geeignet waren, mich unter ihnen zu verstecken und einzuschlafen. Jede Bewegung bedeutete eine Anstrengung. Und vor allem peinigte mich im Winter die Kälte. Auch das Bedürfnis nach Wärme wollte ich natürlich besiegen, doch muß ich zugeben, daß ich darin mich am wenigsten heldenhaft zeigte. Ich trug nur dünne Kleidung, aber der Wind umklammerte die Nieren, daß sie schmerzten. Mein Herz wollte nicht mehr. Meine Hände zitterten. Auch meine geistige Konzentration ließ rapide nach. Die Buchstaben tanzten beim Lesen vor meinen Augen, meine Gedanken verwirrten sich. Ich hatte meinen Körper in eine Maschine verwandelt, doch jetzt mußte ich bemerken, daß auch mein Geist bestenfalls nur noch zu routinierten Abläufen imstande war: bekannte Vokabeln, vertraute Rechenarten, – das funktionierte noch, aber ich konnte nichts Neues mehr aufnehmen. Meine größte Freude wurde es, an einem sonnenbeschienenen Fenster zu sitzen und wie eine Eidechse im Frühling die Wärme in mich hineinzutrinken. Die Sonne war gut, die Wärme tat gut, wenn man so sterben könnte: einzugehen in Wärme und Licht...! Ich träumte wie ein kleines Kind. Ich holte meine Kinderbücher hervor. ‹Das gute Brot› hieß eines; es erzählte, wie das Korn gemahlen wird, wie die Schäfchen Milch geben, wie die gute Mutter einen Pfannekuchen backt und süße Pflaumen hineinschneidet... Von solchen Dingen träumte ich, doch nur, um mir zu demonstrieren, daß ich alles das nicht benötigte. Es wurde mein Lieblingsspiel: mich vor einen Bäckerladen zu stellen und ganz aufmerksam die Auslagen zu betrachten und mir bei jeder Brezel, bei jedem Stück Kuchen, bei jedem Hörnchen vorzustellen, wie es wohl schmecken würde, um dann ganz langsam fortzugehen. Das Brot, das man mir mitgab, verschenkte ich an Bettler oder verfütterte ich an die Enten im Dorfteich. Es war für mich der schönste Anblick der Welt, das Glück eines Tieres mitzuerleben, das seine Nahrung zu sich nimmt.»

«Und Tiere verachteten Sie nicht?» fragte ich.

Er lächelte. «Nein, die Tiere konnten ja nichts dazu. Sie wußten nichts von Schuld, sie waren unschuldig. Nur wir Menschen... Ich...»

Wenn irgend man wissen will, wie es in Hänsels «Ställchen» sich lebt, so kann es diese Schilderung bis hierher bereits in aller Deutlichkeit zeigen. Den entscheidenden Punkt aber berühren wir erst in den folgenden Sätzen. Ich fragte den Mann noch einmal nach den Reaktionen seiner Umgebung auf die Phase der Magersucht, ob er sich erinnern könne, daß sie nur spöttisch und zur «Vernunft» mahnend geblieben seien.

«Nein, keineswegs», meinte er nachdenklich. «Nach einer Weile begann man irgendwie auf mich eine besondere Rücksicht zu nehmen. Ich sah wohl derartig ‹schlecht› aus, daß man mich schon von ganz normalen Aufgaben freistellte. ‹Wenn an ihm sowieso nichts mehr dran ist, dann kann man auch nichts mehr bei ihm holen›, schienen sie zu denken. Und ich muß zugeben: Ich genoß diesen Status der Ausnahme.»

Man kann auch sagen: Er empfand noch einmal nach, was *unbewußt* seinerzeit wohl im Zentrum seiner sonderbaren Erkrankung gestanden hatte. Er entdeckte die innere «Logik» der Magersucht: Es gibt keine fremden Forderungen mehr, wenn ich bis zum Skelett abmagere[71]; niemand mehr schimpft noch mit mir, wenn ich bemitleidenswert genug aussehe; ich brauche zu niemandes Bitte mehr nein zu sagen, wenn ich alle Nahrungsaufnahme verneine; niemand wird kommen und mich «auffressen», wenn ich erkennbar nur noch aus Haut und Knochen bestehe.

«Ich las damals», versicherte der Mann, «begeistert die Schilderungen im Pali-Kanon, wie der Buddha unter dem Baum in Bodhgaya saß[72], ausgemergelt, so daß seine Rippen wie Dachsparren waren und sein Rückgrat wie ein gedrehter Strick und sein Gesäß so hohl wie ein Kamelfuß und sein Gesicht wie ein Totenschädel ... So saß *ich* am Ganges und wartete auf die Erleuchtung.»

Die «Entdeckung», die er vorerst gemacht hatte, bestand darin, daß er sich vor niemandes Forderung mehr zu fürchten brauchte, wenn er nur hohlwangig und knöchern genug erschien. Jeden Morgen mochte jetzt, wie in dem *Hänsel-und-Gretel*-Märchen, die andere Seite der «Mutter», die «Hexe», die ganze Umgebung an ihn herantreten und prüfen, ob schon genug an ihm dran sei, um ihn zu «schlachten», – er brauchte nur sein «Knöchelein» vorzuzeigen, und die kurzsichtige «Hexe» würde unverrichteter Dinge wieder davongehen. Oder umgekehrt ausgedrückt: die Verbannung ins «Ställchen» ergab sich als Folge einer nicht anders mehr zu beantwortenden unbewußten Angst: Wer in dieser Welt noch etwas zu essen wagt, der wird selber gegessen.

Es ist die Stelle, an der die Magersucht sich deutlich von der *Bulimie* unterscheidet: bei der Freßbrechsucht soll gerade niemand merken, daß das «gute» Kind, das den Teller leer macht, wenig später alles wieder ausspuckt; bei der Bulimie soll gerade dieses Hin und Her zwischen mütterlichem Mülleimer und haßerfüllter Selbstentleerung aller Welt *verborgen* bleiben[73] – schon deshalb kann diese Art der Krankheit oft jahrzehntelang andauern, ohne daß selbst von den eigenen Angehörigen jemand davon auch nur ein Anzeichen wahrnimmt. Anders ein «Hänsel»-Leben im Ställchen. Die *Magersucht* ist in gewissem Sinne ehrlicher und konsequenter; – jeder kann sie sehen, und über kurz oder lang schon stellt sie die Existenz eines Menschen vor die Wahl zwischen Leben und Tod, zwischen Entweder-Oder, dazwischen gibt es keinen Kompromiß mehr.

Insofern *kann* die Situation eines «Hänsel» im «Stall» der «Hexe» prinzipiell nur von vorübergehender Dauer sein. Es ist endgültig die Frage, wie es jetzt weitergehen soll: Entweder das «Hänsel» bleibt bei seiner «Weltanschauung» stehen, die besagt: Wenn es dir gutgeht, wirst du gefressen; wenn sie dir Nahrung geben, dann nur, um dich zu mästen wie ein Preisschwein und dich nach allen Regeln der Kunst zu verwursten; wenn du am Leben bleiben willst, mußt du alles sabotieren und boykottieren, was für gewöhnlich das Leben ermöglicht ...; dann ist es unausweichlich, daß selbst ein so bedeutender Verstand, wie dieser Mann ihn als Kind schon besaß, in den Zustand des reinen Wahnsinns abgleitet und suchtartig einzig dort noch zu leben sucht, wo definitiv kein Leben mehr ist; *oder* es gibt am Ende doch noch einen Grund, das «Ställchen» der Magersucht zu verlassen, nur: diesen Grund kennen wir an dieser Stelle noch nicht; ja, ein solcher Grund ist bei der inneren Stringenz eines Weltbildes, wie es uns gerade gemalt wurde, weit und breit nicht erkennbar.

Wie also jetzt?

Der Hunger allein, die Existenz als ein bloßes Vorzeigeknöchelchen, ändert auf lange Sicht hin gar nichts. Der norwegische Dichter Knut Hamsun hat in seiner autobiographischen Erzählung *«Hunger»*[74] einmal in allen Facetten beschrieben, wie das Erleben chronischer Unterernährung das Denken und Fühlen eines Menschen verändert; doch ist der *Unterschied* eklatant. Wohl erzählt auch Knut Hamsun von der Kälte in der Nacht, von dem Schwindeligwerden vor Erschöpfung[75], von den Wunschphantasien nach Nahrung und Brot[76], aber was er vor allem beschreibt, ist das Gefühl der Scham und Erniedrigung für den Zustand der Armut: Wie macht man einen Pfandleiher glauben, daß er es keinesfalls mit einem verächtlichen Nichtskönner[77], sondern mit einer bedeutenden Persönlichkeit zu tun hat, mit dem Verfasser einer dreibändigen Abhandlung über KANTS Erkenntniskritik? Wie kann man die Polizei sich einbilden lassen, vor ihr stehe kein Straßenvagabund, kein Strauchdieb und Habenichts, sondern der Journalist einer angesehenen Zeitung, der nur den Schlüssel zu seinem Zimmer verloren hat, in dem die Ersparnisse aus geregelten Monatseinkünften gesammelt lagern?[78] Hunger als Schande, Armut als Erbärmlichkeit – das ist es eigentlich, was der norwegische Literaturnobelpreisträger in seinen Aufzeichnungen über den «Hunger» für alle Zeit gültig niedergelegt hat. Da wacht er in der Nacht auf und starrt in das Dunkel, und es ist, als wolle und solle er mit dem Dunkel selber verschmelzen; da sieht er neben dem Bett ein winziges Loch, und er muß es wie zwanghaft untersuchen...[79] Das Denken wird buchstäblich immer «skelettierter», seine Inhalte wenden sich immer sinnloser anmutenden Winzigkeiten und Nichtigkeiten zu, die aber plötzlich eine überragende Wichtigkeit annehmen; neue Worte, skurrile Klanggebilde, wie sie noch nie ein Mensch über die Lippen gebracht hat, entstehen und verschaffen den ungeahnten Genuß einer einmaligen Kreativität – ein neuer Begriff, ein wahnhafter Neologismus, welch eine Erfindung![80] All dieses Erleben wird auch ein Magersüchtiger kennen oder doch irgendwann kennenlernen müssen; *ganz anders* aber ist alles in der Magersucht durch den subjektiven Eindruck ihrer Freiwilligkeit. Was hier empfunden wird, ist gerade nicht Schmach und Schande, sondern im Gegenteil, wie wir hörten: ein geheimer Stolz, ein gewisser Selbstgenuß; ein täglich neu errungener Sieg über sich selbst wird da gefeiert, ein besonderes Sein wird da begründet – freilich im Nichts, freilich in der puren Negation, freilich allein in der Zurückweisung aller Nahrung als Antwort auf eine Zurückweisung, die von der eigenen Mutter ausging, im Falle man selber eigene Wünsche, eigene Forderungen, einen eigenen Appetit am Leben zeigen sollte...

Auf der Suche nach einem literarischen Vergleich zur Beschreibung eines «Hänsels» im «Stall» ist deshalb, weit mehr als KNUT HAMSUNS *«Hunger»*, FRANZ KAFKAS *«Hungerkünstler»* geeignet[81], der seinen ganzen Ehrgeiz darein setzt, sich und aller Welt zu demonstrieren, daß er «lange, unbeschränkt lange» hungern kann[82], viel länger als nur die vierzig Tage, die sein Impresario aus reinen Geschäftsgründen, zur Lenkung der öffentlichen Aufmerksamkeit, seinem Schauhungern als Grenzmarke gesetzt hat. Eben darüber ist dieser Hungerkünstler traurig, ja, wütend, daß ihm niemand eine derartige Leistung, wie sie ihm möglich wäre, «unbeschränkt lange» zu hungern, wirklich zutraut. Tatsächlich, da es niemanden gibt, der sich bereit fände, ihn auch nur vierzig Tage lang zu überwachen, ist es nicht einmal gewiß, «ob wirklich ununterbrochen, fehlerlos gehungert worden war; nur der Hungerkünstler selbst konnte das wissen, nur er also gleichzeitig der von seinem Hungern vollkommen befriedigte Zuschauer sein».[83] Das ganze Schauhungern, so sehr auch die ganze Welt davon Notiz nehmen soll, ist mithin ein Akt reiner Selbstbestätigung. Nur er, der Hungerkünstler selber, weiß auch, «wie leicht das Hungern» ist[84], – eine Tatsache, die niemand ihm glauben mag. Ihm aber erscheinen die Damen jeweils als «grausam», die ihm schließlich, nach den vorgesehenen vierzig Tagen, an ihrem Arm auf die Beine helfen sollen, und das nicht nur seiner unendlichen Müdigkeit wegen, sondern vor allem, weil sie ihn daran hindern, ein Kunstwerk zu vollbringen, wie es noch niemals auf der Welt erreicht worden war. Den Grund seines Nahrungsverzichts gibt KAFKAS Hungerkünstler schließlich unmittelbar vor seinem Tod damit an, daß er «nicht die Speise finden konnte», die ihm geschmeckt hätte; anderenfalls hätte er «kein Aufsehen gemacht» und sich «vollgegessen wie du und ich».[85] So sagt er den Worten nach. Worum es sich aber bei dieser «Appetitlosigkeit» in Wahrheit handelt, verrät uns KAFKA selbst *unbewußt* durch die Symbolismen seiner Erzählung: Nachdem die Zeiten sich geändert haben und das allgemeine Interesse an Hungerkünstlern merkbar zurückgegangen ist, muß es für entgegenkommend erachtet werden, daß man jenen Virtuosen des Nichtessens in einem Zirkus, in einem Stall *dicht bei den Raubtieren*, unterbringt.[86] Beide ziehen aus diesem Arrangement Gewinn: den

Zirkus kostet der Hungerkünstler keinerlei Aufwendung, und er selbst findet immerhin eine gewisse Beachtung durch den Strom der Zuschauer, die eigentlich die Raubtiere sehen möchten, aber nun auch einen Blick auf diesen sonderbaren Athleten werfen. Zwar stören ihn «die Ausdünstungen der Ställe, die Unruhe der Tiere in der Nacht, das Vorübertragen der rohen Fleischstücke für die Raubtiere, die Schreie bei der Fütterung»[87], aber er muß doch dankbar sein, daß er zumindest als «ein Hindernis auf dem Weg zu den Ställen» noch wahrgenommen wird.

Kann man in einer traumnahen Sprache den Alptraum eines Magersüchtigen deutlicher schildern: in der «Nähe» von «Raubtieren» zu existieren, wie alle sie sehen wollen, wie *er* aber eines nicht sein will?

Später, als der Hungerkünstler nach seinen letzten Worten verendet, wird man in seinen Käfig «einen jungen Panther» sperren, dem nichts fehlt und dessen edler, «bis knapp zum Zerreißen ausgestatteter Körper» eine unsägliche «Freude am Leben» ausstrahlt, so «daß es für die Zuschauer nicht leicht war, ihr standzuhalten».[88] Ist es bei diesem «Wechsel des Insassen» dieses Geheges nicht im Grunde ganz klar, daß der «Hungerkünstler» «eigentlich» ein solcher verhinderter «Panther» ist, Teil des «großen Zirkus», der für KAFKA seit eh und je nichts weiter darstellte als einen «ausgleichenden und ergänzenden» «Apparat» von «Menschen und Tieren» – von wüsten oral-sadistischen Triebstrebungen also und anderen vom Überich diktierten Gegenbestrebungen? Es gibt keine Magersucht, es gibt keine «Hänsel»-Existenz ohne eine solche *Verdrängung* aller «raubtierhaften» Aggressionen beziehungsweise ohne eine vollkommene Umlenkung aller Aggressionen (die ursprünglich einmal der eigenen Mutter galten) auf das eigene Ich. Nur *eines* stimmt *nicht* zur Charakterisierung der Magersucht: Sie soll zwar «gesehen» werden, sie besitzt ihren demonstrativen Stolz, doch ist sie alles andere als ein Jahrmarktskunststück, sie ist nicht mehr und nicht weniger als eine metaphysische Revolte, als ein Streik aller Triebimpulse gegenüber der Weltordnung. Was in dem GRIMMschen Märchen als «Hexe» erscheint, dehnt sich subjektiv im Bewußtsein aus zur Wahrnehmung der Welt im ganzen, der grausamen «Mutter» Natur in all ihrer Ambivalenz.

Freilich, wenn wir von einem «Streik» *aller* «Triebimpulse» hören, sollten wir den spezifisch *sexuellen* Anteil nicht überhören, der in jeder Magersucht *auch* steckt, wenngleich er in den Lehrbüchern vermutlich über Gebühr betont, das heißt mißverständlich einseitig herausgestellt wird.[89] In Wirklichkeit wird die sexuelle Thematik in der Magersucht der *oralen* Problematik gewissermaßen nur wie einer Trägerwelle aufmoduliert. Aber natürlich: Es gibt sie, und sie bedarf einer eigenen Würdigung.

Merkwürdig muß ja bereits die Tatsache erscheinen, daß die «Hexe» ausgerechnet Hänsels *Finger* befühlt, um festzustellen, wie *dick* er schon geworden sei; kein Körperteil komme, sollte man meinen, zu einem solchen Zweck *weniger* in Frage; bei KAFKA ist es immerhin der «Arm», den sein «Hungerkünstler» aus dem Käfig streckt, um befühlen zu lassen, ob er noch magerer geworden sei. Als Erklärung für Hänsels «Finger» kann auch nicht gelten, daß die «Hexe», alt und kurzsichtig, wie sie ist, aus Furcht, das Kind könne entkommen, es nicht riskieren wolle, das «Ställchen» weit genug zu öffnen, um Hänsels Körper auf sein Schlachtgewicht zu überprüfen: – verfügte sie, trotz ihres Zustandes, über hinreichende Kraft, Hänsel gegen seinen Widerstand in den Verschlag zu versperren, so darf sie für rüstig genug gelten, das Kind auch bei einem drohenden Ausbruchsversuch im «Ställchen» zu halten. Wenn sich trotzdem das Betasten des «Knöcheleins» «reimen» soll, so nur, wenn wir in Hänsels «Finger» ein FREUDsches Symbol, mithin den Ausdruck *sexueller Ängste* erkennen.[90]

«Meine Mutter überfordert mich mit ihren (notgedrungenen) Ansprüchen»; – daraus wird im Erleben eines heranwachsenden Jungen sehr bald der generalisierte Eindruck: «*Jede* Frau will *zu viel* von mir.» Der Inhalt dieses «zu viel» oder, *richtiger* (!), der «Ort», dieses «zu viel» konkret zu entdecken, ist aber die Sexualität; nicht weil sie, wie FREUD oft fälschlich ausgelegt wird, als das einzig Wichtige im Leben erschiene, wohl aber weil SIGMUND FREUD ganz richtig erkannte, daß alle Beziehungsprobleme sich in der Sexualität «verkörpert» finden.[91] «Körper» indessen, so haben wir gerade gehört, – das ist für das magersüchtige Erleben eines «Hänsels» im «Ställchen» von vornherein das am meisten Abzulehnende, das zutiefst Unheimliche, das aufs äußerste Ängstigende. Natürlich kann in der einzelnen Biographie magersüchtiger Jugendlicher die sexuelle Thematik durch spezielle Schuldgefühle noch zusätzlich traumatisiert worden sein, und sie ist es, vor allem bei heranwachsenden Mädchen, wohl auch in aller Regel[92]; doch lehnt der Magersüchtige seine Sexualität gewissermaßen nicht ab, weil sie «sexuell» ist, sondern weil sie seinem erzwungenen Bedürfnis nach Autarkie[93] und vollkommener Kontrolle aller geistigen und körperlichen Regungen auf bizarre Weise entgegensteht: Da gibt es etwas, das sich irgendwie seiner «Autonomie» entzieht! Wie da nicht besonders auf der Hut sein und mit verschärfter Selbstzensur und Askese darauf antworten! Freilich, eine bestimmte Moral, die, wie zum Beispiel in der katholischen Kirche, jede «freiwillig herbeigeführte» sexuelle Gefühlsregung außerhalb der Ehe als «schwere Sünde» betrachtet, kann für sich allein schon durch ihre extreme Körperfeindlichkeit und Sexualangst einen entsprechend starken Schub in Richtung einer drohenden Magersucht auslösen[94]; es ist aber wiederum das magersüchtige Erleben selbst, das eine solche Moral wie zur Bestätigung seiner eigenen Einstellung besonders begierig in sich aufsaugt: Von jetzt an ist es eben keine private Neurose mehr, jede Nahrung zu verweigern, ab sofort ist es dem Magersüchtigen um die Erfüllung des göttlichen Willens zu tun! – Solange es immer noch für ehrwürdig gehaltene, staatlich geschützte Institutionen im Range eines «unfehlbaren» «göttlichen» «Lehramtes» gibt, wie die katholische Kirche, die auf die einfachsten Fragen der Psychohygiene ihrer Doktrinen und Dogmen nicht Rücksicht nehmen, wird es sich psychotherapeutisch als fast aussichtslos erweisen, gegen derartige Rationalisierungen schwerer Triebverdrängungen unter dem Segen des Allerhöchsten anzuarbeiten.[95]

Was immerhin bleibt, ist die Analyse und das Verstehen der unbewußten Erlebniswelt in ihrer unermeßlichen Einsamkeit, Angst und Hilflosigkeit, wie sie sich in der «Ställchen»-Szene des GRIMMschen Märchens erschütternd deutlich ausspricht. Da reduziert sich die Begegnung der Geschlechter auf eine einzige Frage: Wird die Frau, die vorgibt, mich zu lieben, nicht *auch* nur kommen, mich zu verschlingen? Inmitten einer Welt des Fressens und Gefressenwerdens kann die Sexualität, die im

eigenen Erleben nach Kräften verleugnet wird, von seiten eines Partners des «anderen» Geschlechtes kaum anders als maßlos erlebt werden. In der Symbolik der Körpersprache dargestellt, kommt es von daher genau zu dem Alptraumbild, das die BRÜDER GRIMM in ihrem Märchen überliefern: *Die* Frau, *jede* Frau tritt wie eine «Hexe» an das Hänsel heran, um zu fühlen, ob «es» an ihm auch schon «groß», «dick» und stark genug ist, und alsbald den ganzen Jungen auf ihrem «Ofen» zum «Kochen» zu bringen.[96] In HUMPERDINCKs Oper wird alles, was in diesen «Ofen» *geschoben* wird, selber zu Lebkuchen, aber auch dort wird man die «oralen» «Süßigkeiten», die auf diese Weise erzeugt werden, wohl als ein regressiv verstärktes Bild der angstvoll verdrängten Sexualwünsche deuten müssen. «Wer sich auf eine Frau einläßt, der verliert sich an sie, ja, der ist schon verloren; denn eine Frau will nur ‹das eine›; denn eine Frau verlangt eine Form der Liebe, die schier unersättlich ist; wenn eine Frau sich dir nähert und dir etwas gibt oder zu dir zärtlich ist, dann nur, um dich mit Haut und Haaren zu verschlingen...» Also lauten die Maximen für das Verhalten eines Magersüchtigen. Die ursprünglichen, nur zu wohl bekannten Erfahrungen mit der nicht endenden Hilfsbedürftigkeit der eigenen Mutter in ihrer Not verschmelzen jetzt mit den Ängsten vor dem noch gänzlich unbekannten Triebgebiet der Sexualität und erschaffen das Märchenszenario eines vollendeten Grauens und Gruselns: der «Hexe», die kommt, Hänsels «Finger» zu befühlen, – ist er schon «dick» genug...? Wieder müssen wir fragen: Was kann ein Junge noch tun, der in dem «Ställchen» seiner Verlassenheit so fühlt?

Eine gewisse Antwort darauf gibt uns das GRIMMsche Märchen, indem es die Dramatik der Szene womöglich durch das Motiv der steten Wiederholung noch steigert: Jeden Tag, so erzählt es, kommt die «Hexe» an Hänsels «Ställchen», jeden Tag steckt Hänsel sein «Knöchlein» durch die Gitterstäbe seines Gefängnisses. Es ist offenbar gerade die Ausweglosigkeit der Angst, die für eine bestimmte Zeit zu einer Stereotypisierung des Erlebens und zu einer entsprechenden Ritualisierung der Reaktionsweisen führt.[97] Die Angst wird vertraut, sie stumpft ab in dahindämmernder Alltäglichkeit, das Ungeheuerliche wird fast schon das «Normale», doch hat diese Bilanz auch ihre Ge-

genseite in der Mechanisierung einer Wahrnehmung von Menschen und Welt, die sich immer mehr als einzig mögliche dem Bewußtsein eingräbt, und vor allem: in dem völligen Stillstand der Zeit: – es gibt keine Entwicklung mehr, wenn ein Tag ist wie der andere! Die «Aufhebung» alles Körperlichen, die wir soeben als ein Hauptmerkmal der Magersucht herausgestellt haben, bedingt wie nebenher auch die Neigung, den Ablauf der Zeit zu ignorieren und sich statt dessen im «Ewigen» festzumachen. Man lebt in der Magersucht ohnedies wie ein Häftling im Konzentrationslager, des Tods jeden Tag gewärtig, – ob er heute kommt oder erst in zehn Jahren, was tut's? Was heißt da noch Hoffnung, was Zukunft, wenn das In-der-Welt-Sein als solches negiert wird? Es gibt nichts mehr zu erwarten, das Morgen ist wie das Heute, alles Geschehen in der Zeit entwertet sich schon aufgrund seiner eigenen Vergänglichkeit. Ein Leben als «reiner Geist» verschmäht es notwendigerweise, sich mit etwas zu beschäftigen, das *nicht* als unverändert, als unzerstörbar, als zeit*los* gültig sich erweist.

Auch von daher mutet die *«Sexualität»* für das magersüchtige Erleben geradewegs bizarr an, ist sie doch identisch mit dem Wechsel von Gebären und Sterben, von Kommen und Gehen, von Wachsen und Welken. Gerade dieser Wechsel selbst erscheint im magersüchtigen Erleben als das Skandalöse, als das Nicht-zu-Akzeptierende.[98] Hinter *jeder* Frau tritt somit die «Alte», die «Hexe» hervor, der gestaltgewordene Verfall[99], die dem Lebendigen eingeschriebene Verwesung, die Hohlheit und Eitelkeit aller Dinge, die von allem «Fleische» schon bald nur noch die «Knöchelchen» übrigläßt, und selbst diese nur für eine nach wenigen Jahren zu messende Weile.

Der «Tod» der «Hexe» oder: Vom Aufbruch zur Freiheit

Daß es aus einem solchen «Hexenhaus» überhaupt ein Entrinnen gibt, liegt nach dem Zeugnis des Grimmschen Märchens nicht in einer Hilfe, die von außen her sich vermitteln ließe; sie liegt auch nicht in einer «Erkenntnis», die das Hänsel selbst gewinnen würde; sie kommt zustande einzig durch den Mut der Verzweiflung, mit dem das «Gretel» die «Hexe» in den «Backofen» stößt, – eine Gewalttat, die man den bis dahin so scheuen Kindern kaum zugetraut hätte. Was ist es auf einem Mal mit diesem «Gretel», muß man sich fragen, das während all der Zeit eher durch sein Weinen und Wehklagen als durch ein besonders forsches Temperament sich hervorgetan hat? Noch als die «Hexe», ungeduldig geworden nach den erfolglos verlaufenen vier Wochen von Hänsels Mastkur, verkündet, sie werde den Jungen, gleichwie, ob fett oder mager, morgen «schlachten und kochen», vergießt das «arme Schwesterchen» bittere Tränen und fleht den «lieben Gott» um Hilfe an, unwissend, wie es selber das schier unaufhaltsame Unglück verhindern könnte. «... hätten uns nur die wilden Tiere im Walde gefressen, so wären wir doch zusammen gestorben», lautet sein verzweifeltes «Gebet». Nichts spricht dafür, daß gerade dieses Mädchen im letzten Moment noch mit einem resoluten Akt das Hänsel von der «Hexe» «erlösen» könnte. Und doch verhält es sich so! Und es ist eben dieses «wären wir doch zusammen», das die nur scheinbare Widersprüchlichkeit der Erzählung an dieser Stelle verständlich macht. Denn im Grunde *sind* das Gretel und das Hänsel «zusammen», und es ist, wie wir eingangs schon sagten, das eine nur die ergänzende Seite des anderen. Es kommt aber jetzt darauf an, dieses Verhältnis näher zu bestimmen: *Was* eigentlich in der Seele eines Jungen verkörpert seine «Schwester»?

Vielleicht gibt es niemanden in der Literaturgeschichte, der die Chiffre der «Schwester» vor dem Hintergrund eigener Melancholie tiefer zu deuten verstanden hat, als GEORG TRAKL in einem seiner *«Rosenkranzlieder»*, das schon den Titel trägt: *An die Schwester* [100]:

> Wo du gehst wird Herbst und Abend,
> Blaues Wild, das unter Bäumen tönt,
> Einsamer Weiher am Abend.
>
> Leise der Flug der Vögel tönt,
> Die Schwermut über deinen Augenbogen.
> Dein schmales Lächeln tönt.
>
> Gott hat deine Lider verbogen.
> Sterne suchen nachts, Karfreitagskind,
> Deinen Stirnenbogen.

Da verschmilzt das Bild der «Schwester» mit den Assoziationen der Neige von Jahr und Tag, ein scheues Tier, getaucht in die Farbe kühler Tristesse, eine Klage, die fernab den Menschen in Waldesstille verhallt, ein Nachtwind, der leise über die Wellen des Sees am Rande eines Dorfes weht – Beruhigung und Resignation, Trost und Trauer ineins leben in dieser «Schwester», die nichts ist als die Verkörperung einer seelischen Gestimmtheit, die sich nähert so sanft und stumm wie auf den Schwingen von Vögeln ... Es ist nicht eine Melancholie, die über die *Lippen* des Leidenden käme, sie zeichnet sich *wortlos* in seine Gesichtszüge ein: in das Heben seiner Brauen, in die Müdigkeit und Schwere, mit welcher sein Mund ein noch freundliches Lächeln zu formen versucht; die Art schon zu schauen, der Ausdruck der Augen – sie sind es, die den Schimmer der Schwermut wie schicksalhaft aufnehmen, so als senkte der Himmel selbst sich in ihnen hernieder und die Sterne umspielten wie ein Diadem eine solche Stirn der nächtlichen Gedanken, ein Leben wie unter dem Kreuz, am Tag, da die Sonne ihren Schein nicht mehr gab und die Erde unter den Füßen erbebte [101], geboren hinein in ein Leid, das für «gottgegeben» gilt und das doch auf ewig rätselhaft und inakzeptabel bleibt ... Selbst die Reimenden in diesem Gedicht auf

die «Schwester» tönen monoton von «Abend» und von «verbogenem» Dasein.

Die «Schwester» eines «Hänsels» ist, so verstanden, eine Gefährtin unsäglicher Wehmut, ein nächtliches Traumbild, in welchem die stille Stimme sternenweiter Einsamkeit Gestalt gewinnt. Und doch ist das nur die *eine* Seite dieser «Schwester»; die andere ist ihre eigentümliche «Hilfsbereitschaft» gegenüber den Aufträgen der «Hexe». So paradox es klingt: sie gehört *wesentlich* zum Erleben eines jugendlichen Magersüchtigen.

«Ich weiß noch», erzählte jener Mann weiter, «daß ich damals meiner Mutter alle Arbeit, die ich irgend verrichten konnte, abzunehmen suchte. Ich putzte nachts, wenn sie schlief, den Herd, scheuerte die Fliesen im Bad, spülte die Teller, die vom Abendessen stehen geblieben waren, und so weiter. Ich wollte Mutter helfen, doch ich stand derart unter innerem Druck, daß ich schließlich sogar ihrem ausdrücklichen Befehl zuwider handelte. Irgendwie war ich ihr unheimlich. Sie sah und anerkannte natürlich meinen guten Willen, doch fühlte sie sich zugleich auch irgendwie verdrängt. Tatsächlich glich, was ich tat, einer Übertreibung dessen, was sie selber oft im Klageton angemahnt hatte: Wir sollten doch Ordnung halten! Heute würde ich sagen: Was ich da machte, war eine Karikatur, die sich ergab, wenn man ihre Worte ernst nahm. Heute würde ich sogar zugeben, daß eine starke Aggression in meinem Wohlverhalten lag. Es war, wie wenn ich Mutter hätte überflüssig machen wollen ...!»

«Sie wünschten sie tot?» fragte ich provozierend.

Er erschrak nicht einmal bei dieser Bemerkung, sondern nickte leicht mit dem Kopf. «Ich hätte damals einen solchen *Gedanken* auch nur ganz sicher empört zurückgewiesen. Aber mir fiel selbst auf, daß ich mir ständige Sorgen um den Gesundheitszustand meiner Mutter machte. Sie litt an Herzgeschichten, vielleicht nicht so bedrohlich, wie sie es selber empfand, aber doch eben nicht ohne Besorgnis. Ich jedoch verhielt mich so, als ob ich jeden Tag das an sich mögliche Ableben meiner Mutter hätte verhindern müssen. Da glaube ich schon, daß ich im Grunde nicht die Realität fürchtete – Mutter lebte noch in Frieden ein Vierteljahrhundert lang; womit ich es zu tun hatte, waren wohl doch meine eigenen Wünsche. Aber *die* kannte ich natürlich nicht. Die hatte ich verdrängt.»

«Und sie versuchten Sie wiedergutzumachen!» warf ich ein.

«Ja, ich wunderte mich damals wirklich, warum ich mich trotz allem schuldig fühlte. Ich konnte noch so ‹brav› sein, ich fühlte mich schuldig. Ich war wie elektrisiert von dem Thema der Todesstrafe. Sie wurde ja in Frankreich, in England, sie wird noch heute in den USA praktiziert. Ich sah den anklagenden Film des Juristen und Regisseurs ANDRÉ CAYATTE: *Wir sind alle Mörder…*[102] Ich wollte nicht sterben, aber ich fühlte mich so, wie wenn ich als Sträfling im Kerker säße und auf die Hinrichtung wartete. Nur, wie gesagt: Ich hätte nicht sagen können, wofür! Es gab weder eine klar geführte Anklage noch eine geordnete Verteidigung. In der Schule lasen wir damals FRANZ KAFKAS *Prozeß*[103]; so ging es mir! Ich hatte selbst herauszufinden, wodurch ich schuldig war, und es war meine größte Schuld, es immer noch nicht herausgefunden zu haben. Ich konnte machen, was ich wollte. Am Ende war es sogar verkehrt, daß ich den Haushalt übernahm. Mutter ärgerte sich darüber, statt sich zu freuen. Das sei keine Hilfe für sie, das sei eine Qual, erklärte sie. Für mich war das in dem Moment wie ein Schock, ich fühlte mich unverstanden und abgelehnt und zog mich noch mehr in mich zurück.»

Tatsächlich glich die Situation, in der dieser Mann sich als Kind offenbar befunden hatte, aufs Haar der Lage, die in symbolischer Verdichtung das Märchen von *Hänsel und Gretel* beschreibt: Da gab es einen Jungen, ein «Hänsel», der zur einen Hälfte voller Angst war, von seiner Mutter, von *jeder* Frau, als einer «Hexe» «gefressen» zu werden, und der für alles, was er hätte wünschen oder sich herausnehmen mögen, mit schweren Gewissens«bissen» bestraft wurde; dieser Junge hatte alle aggressiven Regungen der Gegenwehr, der Abgrenzung, der Verneinung als etwas an sich bereits Unerlaubtes ins Unbewußte versenkt; – subjektiv erlebte er sich als den gestaltgewordenen guten Willen jenseits aller Gefühle von Haß, Widerstand und Widerwillen; er merkte nicht und konnte nicht merken, daß er die entsprechenden Impulse um so ungehemmter gegen sich selbst richtete und ein Großteil seiner Schuldgefühle dort ihren

Grund und ihre Nahrung fanden. Um so mehr aber entwickelte sich in ihm neben dem «Hänsel im Ställchen» ein fast mädchenhaftes Wesen, das der so bedrohlichen – und doch so lieben! – Mutter auf eine Weise zur Seite stand, wie die beste Haustochter es nicht fürsorglicher hätte einrichten können. Dieses «Gretel», diese gelebte Mischung aus hilflosen Depressionen und endlos ausbeutbaren Wiedergutmachungsversuchen, erscheint jetzt als *die* Seite des Jungen, die als einzige mit der Mutter beziehungsweise mit der «Hexe» überhaupt noch in Kontakt steht; sie weiß im Grunde längst, daß alles, was sie da tut, irgendwann dem «Gefressenwerden», dem totalen Verschleiß zuarbeitet, ja, sogar zuarbeiten soll, doch stellt das im Getto derartiger Angst- und Schuldgefühle, wie sie für die Magersucht charakteristisch sind, durchaus keinen Grund dar, die entsprechenden Aktivitäten einzustellen oder zu verringern. Im Gegenteil, es herrscht förmlich ein Bedürfnis oder, «objektiver» gesprochen, ein *Zwang* vor, der den Willen, sich zum Nutzen – von wem eigentlich? – *aufzuopfern*, immer bedingungsloser und unerbittlicher gestaltet.

Geht man magersüchtigen «Wunsch»phantasien nach, so findet sich nicht selten die breit ausgemalte Vorstellung, als Arzt, Entwicklungshelfer, Englischlehrer (oder als etwas sonstwie «Nützliches») in die Hände eines Kannibalenstammes zu fallen und mit einem Gefühl gruseliger Wollust den Zurichtungen am Kochkessel oder am Bratspieß für die eigene «Hinrichtung» beziehungsweise Opfermahlzeit beiwohnen zu dürfen. – KAFKAS «*Strafkolonie*»[104] bietet noch einmal das – allerdings stärker sexualsadistisch getönte – Anschauungsmaterial von der Faszination und Bewunderung eines entsprechenden Schuldgefühls gegenüber dem Räderwerk einer zwar niemals begründeten, doch offenbar jederzeit verdienten Exekution.

Wenn es in dem GRIMMschen Märchen gleichwohl *anders* weitergeht als in dem KAFKAschen Anti-Märchen, so deshalb, weil das «Gretel» begreift, daß die Zeit der «Zusammenarbeit» mit der «Hexe» ein Ende haben *muß*. Wir sagten schon: Anders als etwa die Bulimie, nötigt die Magersucht auf dramatische Weise über kurz oder lang, – nach «vier Wochen» schon, erklärt die «Hexe» der BRÜDER GRIMM – zu einer Grundsatzentscheidung auf Leben und Tod. Wie stark hat selbst unter der Decke so schwerer Selbstzerstörungstendenzen der Wille zum Leben sich noch erhalten können? Das ist die Frage, um die es jetzt geht. Niemand von außen wird sie im voraus beantworten können – kein Therapeut, kein Seelsorger, nicht einmal die eigenen Angehörigen, ja, diese sogar am allerwenigsten. Hat ihr gutes Zureden, ihr bittendes Umsorgen, ihr realistisch drohendes Mahnen, ihr sanftes Verführen zu dieser oder jener ablenkenden «Freude» schon bisher einem «Hänsel» die «Lust am Dasein» nicht zurückbringen können, so tritt das Geschehen jetzt in eine Phase, in der bereits die bloße Erschöpfung die letzten noch verbliebenen Reserven zur Gegenwehr aufzuzehren beginnt; die Gefahr ist groß, irgendwann in eine reine Lethargie und Apathie abzugleiten und das ehedem stolze Nein der Selbstablehnung in eine müde gewordene Gewohnheit zu verwandeln.

Warum kommt es überhaupt zu einer derartig *hamlet*schen Zuspitzung auf «Sein oder Nichtsein»?, mag man sich immer wieder als Zeuge eines solchen Geschehens – oder als Leser des GRIMMschen Märchens! – erschüttert fragen. Bei SHAKE-SPEARES tragischem Helden genügt zur Erklärung der Haß des Sohnes auf den Vater[105]; in der Geschichte von *«Hänsel und Gretel»* genügt zur Erklärung der Haß auf die Mutter absolut nicht. Wir müssen uns vielmehr daran erinnern, mit welcher Härte die Not der Armut von Anfang an die Mutter eines *«Hänsels»* bereits vor ein äußerstes Entweder-Oder stellte: Es gab für diese Frau keinen Kompromiß mehr, der zwischen ihren eigenen Überlebensinteressen und denen ihrer Kinder hätte vermitteln können; sie mußte, ob sie wollte oder nicht, ihre Kinder verstoßen, um nicht selber verlorenzugehen, und wir sahen bereits, wie sehr gerade diese *absolute Verneinung* subjektiv in die Psyche eines *«Hänsel-und-Gretel»*-Jungen sich eingräbt und sein ganzes Selbstwertgefühl prägt. Wie soll ein Kind leben wollen, wenn sein Wille zum Leben dahin führt, seine eigene Mutter umbringen zu müssen?

Und doch darf man nicht vergessen, daß jedes psychische «Symptom», auch der schleichende Suizid einer Magersucht, ursprünglich eine Strategie zum Überleben, wenngleich unter oft extrem lebensfeindlichen Voraussetzungen, darstellt. Mit all seinem «Gretel»-Verhalten mochte ein Junge, wie er in dem GRIMMschen Märchen porträtiert wird, immerhin noch hoffen, vielleicht trotz allem die «Hexe» umstimmen zu können; die Erwartung *jeder* Sucht, so sahen wir schon, liegt in dieser verschwindenden Chance: vielleicht kehrt doch die «gute» Mutter noch einmal zurück…? Jetzt aber geht es schon lange nicht mehr um die Auseinandersetzung mit der Mutter, wie sie «wirklich» ist, der Auftritt der «Hexe» zwischen «Zuckerhaus» und «Ställchen», zwischen der alles gewährenden und der alles verschlingenden «Mutter» spielt sich ganz und gar im Inferno der eigenen Psyche, *subjektal* zwischen Wunsch und Verbot, zwischen Strafangst und Selbstopfer, zwischen verdrängter Aggression und Autodestruktion ab. Und wie nun, wenn ein Junge von der Intelligenz eines *«Hänsel»* eben diesen Umstand im letzten Augenblick doch noch bemerken würde?

War es in dem soeben skizzierten Beispiel etwa denn nicht längst schon sichtbar, daß all die Mühen dieses jungen Mannes, nach «Gretel»-Art im Haushalt der «Hexe» zu helfen, mit seiner Mutter durchaus nichts zu tun hatten, um so mehr aber mit den – freilich von ihr unter unglückseligen Umständen einmal übernommenen – Ängsten und Schuldgefühlen? Lag es nicht auf der Hand, daß er dabei war, in der Gegenwart immer noch so zu leben, wie es in der Vergangenheit wohl einmal als notwendig erschienen war? Ist es nicht deutlich, wie hier eine ursprünglich situativ *begrenzte* Erfahrung zur absoluten Evidenz einer ganzen Weltdeutung erhoben wurde?

«Ich werde den Augenblick nie vergessen», erinnerte sich jener Mann, «wie ich an einem Nachmittag aufstand, in die Küche ging und mir etwas zu essen holte. Was mich dahin führte, kann ich bis heute nicht genau sagen. Das wichtigste war wohl die vollkommene Frustration: – ich mußte begreifen, daß ich mit all meinen Verzichtleistungen, mit dem ganzen phantastischen System permanenter Verweigerungen, mit all den täglichen Torturen niemandem, absolut niemandem auf Erden irgendeinen Nutzen bringen würde. Wenn ich nicht aß, hungerte auf der Welt lediglich noch ein Mensch mehr, nicht ein einziger weniger. In diesem Sinne hatten die anderen natürlich auch bisher schon immer wieder auf mich eingeredet, und es hatte nicht die mindeste Wirkung gezeigt. Jetzt aber war eine neue Situation eingetreten: Ich merkte selber, daß es so nicht weiterging. Ich konnte beim besten Willen nicht übersehen, wie ich, der ich so gern allen Menschen zu Nutzen und Hilfe sein wollte, ihnen in Wahrheit hinderlich, lästig und ärgerlich wurde. Selbst rein medizinisch war ich dabei, zum Versorgungsfall zu werden – parasitär, sozial betrachtet! Meine Lebensweise war ein Luxus, den ich mir leistete, um mit mir selber zurechtzukommen! *So sah es aus!*»

Was diesem Mann damals klargeworden war, bedeutete, übersetzt in die Sprache der Tiefenpsychologie, gleich dreierlei und lief in der Tat auf eine *befreiende* Entdeckung hinaus.

Zum ersten: Er erkannte den *narzißtischen Grundzug* seiner gesamten Einstellung. Der Inhalt seiner Überichdressate forderte von ihm eine extreme Bereitschaft zu altruistischer Selbstaufopferung, doch das Motiv seines Handelns bestand wesentlich darin, den Schuldgefühlen zuvorzukommen, die ihn im Fall einer Normabweichung von der drakonischen Zensur seines Überichs augenblicklich heimgesucht haben würden.

Zum zweiten: Er erkannte, daß die Bindung an seine Mutter auf ein Dilemma hinauslief, indem er *das Bild* von seiner Mutter, das er als Kind in sich aufgenommen hatte, seine *Mutterimago* also[106], mit der Mutter verwechselte, die es wirklich gab. Um mit der «wirklichen» Mutter an seiner Seite zurechtzukommen, mußte er sich mit der «Mutter*imago*» «kritisch» auseinandersetzen: Die «menschenfressende Hexe» war nicht ein Teil der «Realität», sondern ein Gespenst seiner Vorstellung. Wohl war es bislang diese «Imago» gewesen, die dem jungen Mann die ganze Welt zu repräsentieren schien, doch jetzt mußte er merken, wie sehr diese angstgeprägte Vorstellung von der Welt ihm den wahren Zugang zu den Menschen, zu sich selber, zu den eigentlichen Möglichkeiten und Aufgaben seines Lebens verstellt hatte. Mit allen Menschen sonst ließen sich Kompromisse schließen, nur eben mit diesem «Gespenst» seiner Vorstellung niemals. Dieses «Gespenst», allerdings, mußte ohne Wenn und Aber als ganzes *beseitigt* werden, wenn irgend so etwas wie ein sinnvolles Dasein möglich sein sollte.

Es ist genau der Vorgang, den das GRIMMsche Märchen an dieser Stelle schildert: Irgendwann kommt es zu einem solchen Entweder-Oder, bei dem es nur noch die Frage ist, ob man in dem «Ofen» der «Hexe» mit dem eigenen Körper, mit dem eigenen Körperich bereits den Hitzegrad des vorbestimmten «Gebackenwerdens» erfühlt oder ob man in dieser «Überhitzung» aller Gefühle endgültig den Mut gewinnt, sich der «Hexe» zu entledigen.[107] Soviel steht fest: man begeht keinen «Mord», wenn man dieses «Schreckgespenst» in seinen eigenen «Ofen» stößt; man beseitigt «nur» endlich die «Höllenangst», selbst in das («ewige») Feuer kriechen zu müssen, falls man sich diesem ungeheuerlichen Zerrbild der «Mutter» ein für allemal verweigert.[108]

Bezeichnenderweise kann die Lösung beziehungsweise die *Erlösung* des bestehenden Konfliktes nur von der «Gretel»-Seite aus erfolgen: – sie war es, die mit ihrer Dienstfertigkeit und Ausbeutbarkeit bis zum äußersten die Beziehung definierte, die zu der «Hexe» bestand; alles aber kommt jetzt darauf an, die ganze Art dieser Beziehung zu beenden, die betreffende Person also «umzubringen». – Wohlgemerkt: Wenn ein Märchen erzählt, wie bestimmte Widersacher (Riesen, Hexen usw.) «getötet» werden, so meint das entsprechend der Phantasie eines Kindes nicht den physischen Tod eines Menschen, es besagt lediglich, daß bestimmte ängstigende Vorstellungskomplexe verschwinden, daß sie im Bewußtsein nicht mehr existieren und daß ihre Träger keine wirksame Rolle mehr spielen; ihr «Tod» ersetzt im Grunde die Neinvokabel, die, wie SIGMUND FREUD meinte, das Es nicht kennt.[109]

Doch daraus hervor geht noch eine weitere *dritte Erkenntnis*. Wenn man hört, daß eine bestimmte aggressive Auseinandersetzung sich auf ein Entweder-Oder zuspitzt, so könnte man meinen, nach der «Ermordung» der «Hexe» müsse die Einstellung des Bewußtseins zu anderen Menschen sich nun in ihr gerades Gegenteil verkehren: wo bisher äußerste Rücksichtnahme, werde nun äußerste Rücksichtslosigkeit Platz greifen, wo vormals Hingabe und Opferbereitschaft, fortan eine sadistische, egoistische Gier nach Selbstdurchsetzung und Selbstbestätigung, wo ehedem ängstliche Scheu, nunmehr eine fast terroristische Gewaltbereitschaft. Eine solche Entwicklung wäre nicht nur denkbar, sie läge in gewissem Sinne tatsächlich äußerst nahe – *wenn* das GRIMMsche Märchen so ähnlich weiterginge wie in der *Däumling*-Geschichte von Charles Perrault: Wir sahen bereits, daß die Kinder *dort* den furchtbaren Menschenfresser in der Nacht der Entscheidung nicht eigentlich beseitigen konnten, sie mußten froh sein, seiner blinden Freßsucht die eigene Brut ans Messer zu liefern und selber mit heiler Haut ihm zu entlaufen; am Morgen desselben Tages aber setzt der Oger natürlich sogleich zur Verfolgung der Kinder an, und daraus ergibt sich eine eigentümliche psychische Situation. Sagen wir so: Solange die Gestalt eines solchen «Menschenfressers» oder einer derartigen «Hexe» im Hintergrund des Erlebens eines Menschen immer noch als ständiger Verfolger gegenwärtig bleibt, solange wird *Angst* sein gesamtes Erleben prägen, und es wird diese Angst sein, die er immer wieder durch ein *Übermaß* an Selbstdurchsetzungswillen überwinden muß; immer wieder, wenn es so steht, müßte ein «Hänsel», gewissermaßen wider besseres Wissen, in den anderen Menschen doch noch die «Hexe» vermuten und dieses Schreckgespenst seiner Kindheit *in ihnen* bedingungslos bekämpfen. Nun aber erzählt uns die Grimmsche Geschichte, Gott Lob, etwas ganz anderes, sie sagt, es sei «Gretel» wirklich gelungen, die «Hexe» in den Ofen zu stecken und «Hänsel» ins Freie zu führen. Die Erfahrung, die *hier* gemacht wird, ist fortan in der Tat allesentscheidend: Sie lehrt, die anderen Menschen *weniger* zu fürchten als vormals die eigene Mutter und sich selbst mithin weniger bedroht zu empfinden als seinerzeit in der Kindheit. Da verschwindet ein Alptraum! Zum ersten Mal öffnet sich einem *«Hänsel»* die Türe seines «Ställchens» zu einem Leben in Weite und Freiheit; zum ersten Mal werden ihm eigene Schritte in ein eigenes Leben möglich; zum ersten Mal entwickelt sich in seinem Bewußtsein eine *Alternative* zu dem bisherigen suchtähnlichen Suchen nach einer Mutter, die es nicht gab, und zu der magersüchtigen Flucht vor jenem Gespenst, das diese «unmögliche» Mutter vertrat.

Im Grunde steht ein Junge von *«Hänsel-und-Gretel»*-Art jetzt an dem Anfang eines Selbstvertrauens, das es so noch nie gab: des Gefühls, *selber* leben zu können. *Grund* zu einem solchen Gefühl bestünde freilich wohl längst schon, denn gerade ein solcher Junge von «Hänsel»-Art hat sich in der Zeit seiner Magersucht gewiß tausendmal bewiesen, daß er «nichts und nie-manden» braucht, um leben zu können; dasselbe Kind, das so sehr immer wieder nach seinem «Mutterhaus» Ausschau hielt, hat wie im Gegenzug, ganz extrem sogar, gezeigt, daß es vollständig «ohne alles und alle» auszukommen vermag. Nimmt man die angstbedingten Spitzen dieser «Gegenbesetzung» jetzt fort, so steht ein Junge vor uns, der mehr als jeder andere selbständig und unabhängig zu existieren imstande ist. «Ein eigenes Leben ist möglich» – das ist das Wunder dieser *dritten* Entdeckung: «Fort aus dem Hexenwald» lautet denn jetzt auch eines *«Hänsels»* Devise.

Freilich, wer an dieser Stelle schon, zufrieden mit dem gruseligen Ende der grausigen Hexe, die Buchdeckel über das Grimmsche Märchen schließen wollte, hat es in der Kompliziertheit seiner Themenstellung noch nicht wirklich verstanden. «Ein neues Leben beginnt», gewiß; doch naturgemäß nur unter den Voraussetzungen, die jetzt bestehen! Und diese «Voraussetzungen» sind noch weit entfernt von einem rundum glücklichen und geglückten Leben. Auch in sein neues Dasein nimmt sich ein «Hänsel» jetzt mit; er ist kein anderer Mensch, nur weil er zum ersten Mal anders zu leben *beginnt*. Das nächste Hindernis auf seinem Lebensweg läßt sicherlich nicht auf sich warten, und man kann bereits vermuten, von welcher Art es sein wird.

Nach «ein paar Stunden» schon – stets lieben die Märchen den dramaturgisch so wichtigen Zeitraffer-Stil[110] – gelangen «Hänsel» und «Gretel», so hören wir, «an ein großes Wasser», das sie nicht zu überqueren vermögen, – wie sollte auch so praktisch, wie das Hänsel es zu erwarten scheint, «ein Steg» oder «eine Brücke» sich just an dem Ort befinden, an dem die Kinder zu dem See gekommen sind?[111] Überhaupt paßt dieser See für ein «realistisches» Denken nicht wohl in die Landschaft. War es zuvor möglich, ungehindert vom Elternhaus zum Hexenhaus sich zu verlaufen, *ohne* diesen See zu passieren, so kann es für den Heimweg keinen geographischen Vorteil markieren, ihn jetzt zu überqueren; dieser See sollte vielmehr als ein neuerliches Indiz gewertet werden, daß die Kinder sich offenbar erneut in die falsche Richtung bewegen. Doch ganz anders denken «Hänsel» und «Gretel», und ihre Märchenlogik, natürlich, hat recht. Der «See» bildet keinen Standort im Raum, er bebildert einen Zustand der Seele im Traum. «Das Unbewußte» bedeutet der See, geben die Jungschen Märchendeuter sich sicher[112]; doch was heißt in diesem Zusammenhang: «das» Unbewußte?

Man kommt der Bedeutung des «Sees» ziemlich nahe, wenn man bedenkt, daß «Wasser» und «Meer» zutiefst *weiblich-mütterliche* Symbole sind.[113] Warum das so ist, läßt sich unschwer begreifen: Alles Leben auf dieser Erde kommt aus dem Wasser, und jeder «Fortschritt» der Evolution, gleich, ob im Ei der Echsen und Saurier des Erdmittelalters oder in der Geburtshöhle eines Säugetiers der Erdneuzeit, mußte in gewissem Sinn Stufe um Stufe diese Anfangsbedingung des Lebens imitieren. Noch immer geht, wie im Oberen Devon vor rund 350 Millionen Jahren, bei jeder Geburt eines Menschenkindes «das Leben» «ans Land».[114] Von daher stammt offenbar die magische Sehnsucht, die der Anblick des Meeres auf jeden Fühlenden ausübt. Herman Melville hat sie beschrieben: «An einem träumerischen Sonnabendnachmittag», schreibt er in der Einleitung zu seinem großen Roman *Moby Dick*[115], «wandeln wir um die Stadt... Was gibt es da zu sehen? Stumm wie die Schildwachen rings um die Stadt stehen Tausende und Tausende unseresgleichen, in ozeanische Träumereien versunken. Manche lehnen an den Duckdalben, andere sitzen ganz vorn auf den Molenköpfen... Lauter Stadtleute, die werktags zwischen Straßenpflaster und Gartenzäunen zusammengepfercht sind... Was wollen sie hier? – Und da kommen immer noch mehr. Sie wollen alle zum Wasser, als hätten sie vor, sich kopfüber hineinzustürzen... sie müssen so nahe ans Wasser, wie sie irgend können, ohne hineinzufallen.» «In allen Flüssen und Meeren sehen wir dasselbe: das ewig unangreifbare Spiegelbild des Lebens. Das ist der Schlüssel zu allem.»[116]

Der See in dem Grimmschen Märchen – oder *die* See in der Psychologie der Völker – ist, so besehen, ein Symbol für den *mütterlichen* Ursprung des Lebens, und so kann man verstehen, welch eine Faszination das Meer gerade auf einen Jungen von *«Hänsel»*-Art ausüben muß. Wohl wird man Herman Melville zustimmen müssen, daß *jeder* halbwegs gesunde Junge irgendwann einmal den Wunsch verspüren wird, zur See zu fahren[117], ein Junge aber, der bislang extrem, in Sucht und Mager-

sucht, an seine Mutter gebunden war, wird wie hypnotisch vom Meer verlockt werden. Beides kommt da zusammen: einmal der Beweis, als «Seemann» gewiß *kein* «Muttersöhnchen» mehr zu sein, sondern im Gegenteil einen Beruf auszuüben, der ein besonders hohes Maß an Wagemut und Abenteuerlust verlangt, und zum anderen jenes «ozeanische» Fernweh und Heimweh, das Melville beschreibt: ein Matrosendasein, geborgen in der kleinen Kajüte einer Bark oder einer Brigg, doch umspült von den Wellen des Weltmeers... –: Eine gar nicht so seltene Auflösung einer jugendlichen Magersucht besteht in der Tat denn auch in der Wandersucht, in der «Poriomanie», wie sie mit einem griechischen Psychiaterwort genannt wird.

«Als ich beschlossen hatte zu leben», führte jener Mann den Bericht über die Zeit seiner Magersucht zu Ende, «ging ich gleich in den nächsten Ferien auf Tramp-Tour. Ich verfügte nur über sehr wenig Taschengeld, eine Bahn- oder Busfahrt hätte ich mir nicht leisten können; aber ich war gewohnt, mit sehr wenig auszukommen, und ich wollte von Hause fort. Ich wollte mir selber zeigen, daß ich unabhängig war, daß ich auch ohne meine Eltern mich zurechtfand, und mich reizte das Unbekannte, der Hauch von Gefahr – was hatte ich schon zu verlieren! Ich war soeben dem Tode entronnen, und ich brauchte die Herausforderung und Härte der Wirklichkeit, um mich an ihr zu bewähren.»

«Andererseits aber muß das Trampen für Sie doch auch eine endlose Bettelei bedeutet haben – es setzte die Mentalität des Arme-Leute-Kindes fort», wandte ich ein; aber auch dieser Gedanke überraschte ihn nicht!

«Ja, sicher», erwiderte er ohne Zögern, «doch wissen Sie, dafür besaß ich ein Alibi: Ich gelobte mir, später, wenn ich Geld und sogar vielleicht einmal ein Auto hätte, jedem Bettler und jedem Jungen am Straßenrande zu helfen.»

«Und? Haben Sie es so gemacht?» hätte ich fragen mögen, doch ich unterließ es; ich war überzeugt, daß er diesen seinen Vorsatz konsequent und ausnahmslos eingehalten haben würde. Abenteuerlust und Hilfsbereitschaft – das paßte noch heute zu ihm. Das schneeweiße Vöglein anspruchsloser Unschuld und die geistige Haltung aktiver Verantwortung, wie sie sogleich in dem «Entlein» erscheint, waren ineinander übergegangen.

Es wäre im folgenden gewiß nicht zutreffend, sich die Geschichte von «Hänsel und Gretel» als die glorreiche Zukunft kühner Fahrensleute auszumalen. Vielmehr liest sich der «Fortgang» der GRIMMschen Geschichte ganz zu Recht eher als eine Luftreise der Seele denn als eine Lustreise zur See. An dem Ufer des Märchensees nämlich findet sich nicht nur weder Steg noch Brücke, es ist, wie das «Gretel» richtig bemerkt, auch weithin kein Schiff in Sicht, das die Kinder übersetzen könnte. Dafür aber kommt jene weiße Ente geschwommen, von der das Mädchen sich sichere Hilfe verspricht; und wirklich, wie es sein Verslein gesprochen: «kein Steg und keine Brücke…», da nimmt das brave Tierchen das «Hänsel» schon auf seinen Rücken; ja, ginge es nach dem Willen des Knaben, so würde auch das «Gretel» sogleich auf dem Rücken des Tieres Platz genommen und sich zusammen mit seinem Bruder ans andere Ufer habe tragen lassen; es zeugt für «Gretels» Realitätssinn, daß es erkennt, dem «Entlein» werde die doppelte Last wohl zu schwer, man tue besser, nacheinander überzusetzen.

Was soll das? müssen wir fragen.

Bei dem «weißen Entchen», ohne Zweifel, handelt es sich um ein «Umkehr»bild des «schneeweißen Vögeleins» vom Anfang der Geschichte[118]: so wie damals das Vöglein die beiden Kinder zu dem Hexenhäuschen hinübergeleitete, so gleiten sie nun auf dem Entchen zu ihrem Vaterhaus zurück. Doch besteht ein bemerkenswerter Unterschied zwischen beiden: während das schneeweiße Vögelchen, vor ihnen herflatternd, eine Geistesart reiner Unschuld verkörperte, die mehr als Zielvorstellung und Orientierung von Nutzen war, repräsentiert das weiße Entchen jetzt offenbar einen Zustand der seelischen Entwicklung, bei dem sich der «Geist» in so etwas wie ein Transport- und Fortbewegungsmittel verwandelt hat. Die Geistigkeit eines «Hänsel» hat, mit anderen Worten, allem Anschein nach aufgehört, ein bloßes freischwebendes Ideal zu sein, sie ist inzwischen etwas buchstäblich «Tragfähiges» geworden, ein Umstand, der um so wichtiger scheint, als das «weiße Entchen» die Kinder nicht nur aus dem «Hexenwalde» hinausträgt, sondern ihnen über das «Wasser», über die Mutterbindung im ganzen, hinweghilft. So kennt etwa die indische Mythologie die Gestalt des Garuda[119],

eines Vogels, der den Gott Vishnu über den Himmel trägt; und die altägyptische Religion berichtete von dem *Großen Schnatterer*, der am Ufer des Urozeans Nun das Ei legte, aus dem die ganze Welt hervorging[120] – mit dem Lautwort für «Isis» in der Hieroglyphenschrift bleibt dieses Ei denn auch – neben dem «Thronsitz» – das Beizeichen der altägyptischen Muttergöttin[121]. Verweise dieser Art kommentieren ergänzend, daß die «Entenfahrt» über den «See» in der Tat so viel bedeutet wie die Erschaffung einer neuen Welt in Selbständigkeit und Freiheit, jenseits einer tödlich gewordenen Mutterabhängigkeit. Und so verstehen wir jetzt auch das *Nacheinander* von «Hänsel» und «Gretel» bei ihrer Überfahrt: Abweichend von dem seemännischen Charme der alten Matrosenregel «Ladies first», ist es zunächst der Junge, der auf dem weißen Entchen den See überquert. Da kommt eine Zeit, in der «Hänsel» und «Gretel», Verstand und Gefühl, voneinander getrennt sind, indem das Denken und Wollen als erstes ein «Ufer» betritt, an welches die Gefühle immer erst später, eine Weile verzögert, nachkommen müssen.[122] Es ist deshalb überaus wichtig, daß «Hänsel» am anderen Ufer lang genug auf sein «Gretel» wartet.

Wie eine derartige Zweistufen-Ablösung von der Mutter sich vor allem auf der *Gretel*-Seite anfühlen mag, hat der libanesische Dichter SIMON YUSSUF ASSAF einmal in seinem Gedichtbändchen *Sieh die Nachtigall, Bruder* beschrieben; dieses Gedicht, das den Titel «Mutter» trägt, eignet sich sehr, die Empfindungen eines Jungen von «Hänsel-und-Gretel»-Art auf dem Rücken seines «weißen Entchens» wiederzugeben, spricht es doch in einem Zwiegespräch mit der Frau, die im Leben wiederzusehen unmöglich scheint, von der nicht endenden Sehnsucht auf ein Sich-wieder-Finden im unbegrenzten Horizont der Ewigkeit; auszugsweise heißt es in diesem Gedicht[123]:

> Rückkehr ins warme Nest,
> in die Arme der Mutter,
> ins Vaterhaus.
> Rückkehr in das Land,
> das ich um so mehr liebe,
> je weiter ich mich von

ihm entferne,
um so mehr schätze,
je zahlreicher
die bekannten Länder werden.

Dein Herz (sc., Mutter, d. V.) suchte mich immer,
wenn sich die Mühsal
des Lebens fühlbar machte,
wenn Schwäche auf dir lastete
und dein Blick sich verdunkelte,
wenn der Schatten des Todes
sich näherte.

Dein Herz hat nie aufgehört,
mich zu begleiten,
seit dem ersten Augenblick
meines Lebens
bis jetzt, bis hier.
Es begleitet mich
ohne Bedauern
und ohne müde zu werden
in der Heimat,
in der Fremde.

Dieses Herz hat den Kelch
des Leidens gekostet,
um mir die Süßigkeit
des Lebens zu geben.
Es hat jedes Wagnis
auf sich genommen,
um es mir leicht zu machen,
meinen Weg zu erkennen.

. . . .
Erinnerst du dich
der ersten Nacht,
in der mein Bett leer war
und ich weit von dir?

Diese Nacht
hat nicht aufgehört,

sich zu verlängern;
ich begann sie
im Lande der Sonne
und setze sie fort
im Lande des Nebels.

Erinnerst du dich
meines ersten selbständigen Schrittes,
der mich auf den Weg
der Zukunft verwiesen hat
und aus meinem Morgen
eine Zeit des Mutes
und der Freude machte?
Und des zweiten Schrittes
auf ein Schiff,
das mich vom Morgenland
ins Abendland brachte?

Denk daran,
daß das Leben
eine kleine Reise ist,
selbst wenn uns die Jahre
lang erscheinen.
Wir beginnen sie
auf dieser Erde
und beenden sie
in einer anderen Welt.

Eine Reise,
auf der wir viele Wege
und Wanderer treffen,
die alle ein Ziel suchen.

Wir werden uns wiedersehen,
nicht auf einer Erde
voller Täler und Berge,
Hügel und Wälder,
sondern in der Welt
des Geistes,
auf der Erde
der Verheißung.

Was irgend einmal «Mutter» hieß, verlagert sich in diesem Gedicht in eine weltüberschreitende Hoffnung, in eine Fahrt buchstäblich zum anderen Ufer, in eine romantische Sehnsucht, die alles zurückläßt, um es anders anderswo wiederzufinden. Vor allem aber zeigt S. Y. Assafs Gedicht, daß die «Tötung der Hexe» etwas verbirgt, das in der Grimmschen Erzählung nicht mehr eigens berichtet wird, das psychisch aber sehr wohl existiert und menschlich überaus wichtig ist: das ist die innere Aussöhnung mit der Mutter, die es «wirklich» gab.

Von Anfang an haben wir darauf bestanden, die *Widersprüchlichkeiten* im Wesen einer Mutter von «Hänsel» und «Gretel» verständlich zu machen: Nie ist sie nur die kalte, verstoßende, abweisende *oder* die verlockende, schenkende und fressende; sie ist vielmehr, wie wir sahen, verstoßend aus überforderter Liebe und verschlingend in all den Ängsten, die sie mit ihrer Nähe wie mit ihrer Entfernung in einem Kind erzeugt. Doch wenn ihr Kind, ein *«Hänsel-und-Gretel»*-Junge, erst einmal zu sich selber erwacht – er beseitigt die «Hexe», er entdeckt seine beachtlichen Fähigkeiten, selber zu leben, er entkommt dem «Ställchen», er entflieht dem «Backofen» überhitzter («inzestuöser») Gefühle

und macht sich selbst auf den Weg, er findet einen Standpunkt am «anderen Ufer», jenseits des «Hexenwaldes» –, wird er dann nicht wie von selber beginnen, die notvollen Brechungen im Charakter seiner Mutter zu verstehen, statt sie noch länger zu fürchten? Längst schon hat ja die Mutter aufgehört, als innerer Verfolger den Jungen zu bedrohen; längst schon ist seine Distanz groß genug, um das Getto aus Angst und Abhängigkeit weit hinter sich zu lassen; und sollte nicht eben schon dadurch auch eine «objektivere», unbedrohtere, erneut wieder suchende, weil nicht länger süchtige Haltung dieser schicksalhaften Person der Kindertage gegenüber möglich sein? Ja, wäre es nicht denkbar, eine Art Dankbarkeit für sie neu zu entdecken? Wie sonst hätte man sich immer wieder zu ihr zurücksehnen können, wenn sie nicht auch als das fühlbar gewesen wäre, was sie allezeit hatte sein wollen: eine Mutter, die ihr Kind liebhat? S. Y. Assafs Gedicht liest sich wie eine solche verspätete Liebeserklärung an einen Menschen, den man lassen mußte, um sich selber zu finden, doch der in aller Verlassenheit ein Begleiter der Erinnerung blieb und als eine Gestalt der Hoffnung «hinüberträgt», um bei sich selbst anzukommen.

Die «Schätze» der Kindheit oder:
Was das Märchen noch erzählen müßte

Diesen *positiven* mütterlichen Hintergrund im Erleben eines *«Hänsel-und-Gretel»*-Kindes hervorzuheben ist überaus wichtig, um seine Entwicklungsmöglichkeiten nicht auf die Stelle zu beschränken, an welcher das GRIMMsche Märchen seine Erzählung beendet. Nach den Einteilungen der Literaturwissenschaft ist die Geschichte von *Hänsel und Gretel* kein «Zaubermärchen», sondern ein «Kindermärchen»[124], will sagen: Es schildert nicht die Suchwanderungen verwunschener Liebender, sondern es begnügt sich damit, den Weg zu beschreiben, den – unter bestimmten Voraussetzungen – Kinder gehen müssen, um erwachsen zu werden. Doch bedeutet das schon, es könnte auch im wirklichen Leben die Entwicklung eines Menschen genausogut eben dort aufhören, wo die Geschichte des GRIMMschen Märchens ihren Abschluß findet? Ist es denn überhaupt vorstellbar, daß ein Mensch je «erwachsen» wird, ohne die Liebe eines anderen Menschen kennengelernt zu haben? Offenbar dürfen wir das Finale des Märchens von *Hänsel und Gretel* nicht als Ankunft zu einem gegebenen Ziel (miß)verstehen, wir sollten es vielmehr lesen, wie wenn im vergangenen Jahrhundert ein Stakenboot mühsam von einem Seitenarm der Elbe aus den Hamburger Hafen erreichte und seine Fracht von einem der ankernden Schoner übernommen wurde: – erst jetzt ging es wirklich auf «Große Fahrt»! Alles in gewissem Sinne *beginnt* gerade dort, wo die BRÜDER GRIMM ihre Erzählung *enden,* und ihr «Scherz» von der Pelzkappe, die jeder sich aus der Maus machen könne, die da eben vorüberlaufe, zeigt nur, daß sie sehr wohl um das Willkürliche ihres Abschlusses wußten. Wir werden insofern gewiß nie mehr erfahren, wie es mit «Hänsel» und «Gretel» nun weiterging, – was aus ihnen geworden ist; doch steht es uns frei zu prü-

fen, mit welcher «Fracht» sie den «Hafen» ihres «Vaterhauses» erreichen, und uns aus dem «Beutestück» unserer Überlegungen einen «Hut» nach der eigenen Kopfform zu schneidern.

Als «Hänsel» und «Gretel», gemeinsam (!), nach Hause «zurückkehren», finden sie dort nur ihren Vater noch vor, die Mutter, erzählt die Geschichte, ist inzwischen verstorben.[125] Doch ist darum keine Trauer; diese Frau starb, so wissen wir, in dem Moment, da das «Gretel» die «Hexe» endgültig in den «Ofen» stieß. Es geht jetzt, mit einem Wort, überhaupt nicht um die Frage, wie ein Junge nach *«Hänsel-und-Gretel»*-Art, über das ASSAFsche Sehnsuchtslied hinaus, in der Realität zu einer Frau findet, die all seine Gefühle gegenüber der Mutter aufnimmt und übernimmt; es geht einzig darum, den *Vater im Hause,* das heißt, die eigene Rolle als Mann zu entdecken.[126] Mit der «Heimkehr» ins «Vaterhaus» endet die «Kreiswanderung» eines «Hänsel», der Entwicklungs*zyklus,* der es vom Einfluß seiner Mutter gelöst hat und es nun als männliche Person nach dem Vorbild des Vaters bei sich selber ankommen läßt. Wer ist ein solcher *«Hänsel-und-Gretel»*-Junge jetzt als «Mann», und welche Aufgaben hält seine weitere Entwicklung noch für ihn bereit? So müssen wir fragen.

Die erste Antwort darauf ist uns an sich schon geläufig, sie erscheint aber jetzt doch mehr als erstaunlich. Daß Hänsels Vater niemals der «Abschiebung» seiner Kinder zugestimmt hat, wußten wir all die Zeit über schon; doch wenn wir es jetzt, gegen Abschluß des Märchens, noch einmal hören, gewinnt diese Mitteilung einen ungeahnt neuen, in gewissem Sinne nunmehr entscheidenden Aspekt, besagt sie doch, daß am Ende der Entwicklung eines «Hänsels» zum Mann die Gestalt eines Vaters als «Vorbild» steht, der selbst unter dem Druck äußerster Not sich nicht dazu zwingen läßt, grausam zu sein und grausam zu handeln.[127] Selbst wenn auch er, wie wir sahen, für das bestehende Problem keinen Ausweg mehr weiß, so wird er doch niemals in bestimmten Formen der Unmenschlichkeit oder Gleichgültigkeit eine «Lösung» erblicken. Bisher bedeutete für uns die Haltung dieses Mannes nur gerade so viel wie eine Gegenstimme zu der wortwörtlich «notgedrungenen» Einstellung seiner Frau; jetzt aber lernen wir, daß ein «Hänsel», wenn es nach «Hause» «zurückkehrt», *nur* diese Seite in der Ambivalenz seiner Eltern für sich selber als Muster und Maßstab vorfinden wird. Wir haben schon darauf hingewiesen, daß in dem GRIMMschen Märchen die Rollen von «Mann» und «Frau» – im Unterschied etwa zu CHARLES PERRAULTS *Däumling»* – wie vertauscht erscheinen; wir müssen jetzt aber denken, daß gerade diese «Vertauschung» das Wesen eines jungen Mannes von *Hänsel»*-Art prägen wird: Er wird, wie sein Vater, sich weigern, die Angst der Umgebung als Enge des eigenen Herzens zu übernehmen; er wird der scheinbar so selbstverständlichen Psycho-Logik *nicht* folgen, nach der sich die Härte der sozialen Bedingungen als Hartherzigkeit in den emotionalen Stimmungen niederschlägt; er wird sich inmitten einer skrupellos scheinenden Welt zumindest seine Skrupel bewahren[128]; er wird niemals in den Zynismus des «Entweder Du – oder Ich» einwilligen, mit dem man die Mentalität von Kampfhunden, Boxern, Stierkämpfern und Soldaten erzieht und erzielt, fordert und fördert, verlangt und verlängert.

In gewissem Sinne übernimmt ein solches «Hänsel» ein Rollenverständnis, ein «Ichideal», eine moralische Einstellung, die in unserer Kultur und Gesellschaft gemeinhin als *weiblich»* definiert wird.[129] Als Mann wird dieses *Hänsel-und-Gretel»*-Kind viele Züge aufweisen, die «eigentlich» in seiner Mutter angelegt waren, in dieser Frau aber sich niemals zum Leben entfalten durften. Und es wird seine größte Freude, sein größtes Glück sein, gerade dieser Seite seines Wesens Ausdruck zu geben!

Und *ein zweites:* Es zahlt an dieser Stelle sich aus, daß wir in «Hänsel» und «Gretel» von vornherein nicht sowohl ein Geschwisterpaar als vielmehr die zwei Seiten in der Psyche ein und desselben Jungen erblickt haben; denn was wir jetzt gen Ende des GRIMMschen Märchens erleben, läuft auf die völlige *Integration,* auf einen gänzlich harmonischen Zusammenklang der «weiblichen» wie der «männlichen» Seite eines *Hänsel-und-Gretel»*-Jungen hinaus. *Beide* «Kinder» sind es, die, beim Anblick des «Vaterhauses», von weitem schon «zu laufen» beginnen, in die Stube hineinstürzen und «ihrem» Vater um den Hals fallen. Da schüttete, heißt es, «Gretel... sein Schürzchen aus, daß die Perlen und Edelsteine in der Stube herumsprangen», und

«Hänsel» «warf eine Handvoll nach der andern aus seiner Tasche dazu». Schon daß die beiden Kinder *gemeinsam* ihre «Schätze» so überschwenglich austeilen, macht deutlich, daß es zwischen «Hänsel» und seiner «Schwester» nicht den geringsten Gegensatz gibt[130]; es ist der Ertrag *beider* Seiten im Wesen dieses zu seinem «Vater» «heimgekehrten» Jungen, daß das «Männliche» und das «Weibliche» in ihm zusammenwirken und eine Einheit bilden. Dabei muß man freilich vor Augen haben, wie die beiden Kinder an die «Perlen und Edelsteine» geraten sind: sie haben all die Kostbarkeiten gefunden *in der «Hexe» Haus*; die Juwelen sind, ganz wörtlich, dasjenige, was sie aus der Zeit ihrer größten Angst und Not als «Gewinn» mit nach Hause bringen.[131]

Zählen wir, um es konkret zu benennen, nur einmal auf, was ein «Hänsel»-Junge, wenn nur erst die «Hexe» tatsächlich «tot» ist, sich in jener Zeit und aus jener Zeit an «Reichtum» erworben hat!

Schlau» war ein «Hänsel» wohl immer schon, zum Beispiel als es seinen Nachhauseweg mit den Kieseln im Mondschein markierte; jetzt aber verfügt es über ein Besseres, eben in Gestalt der «Perlen» und «Edelsteine» aus dem «Hause der Hexe», und diese «bessere» «Schlauheit» kann darin liegen, nach seiner «Mutter» nicht länger zu suchen, sondern sie selber zu leben. *Das* hat ein solches «Hänsel» wirklich aus der Zeit seiner Entbehrung, aus dem «Hexenhaus», mitgebracht: eine außerordentliche Form der Selbstdisziplin und der Selbstbeherrschung, der Genügsamkeit und der Selbstaufopferung, des Verzichtenkönnens und des Lebens mit sparsamsten Mitteln, und es ist ein *Schatz»*, wenn alles das einmal nicht länger mehr nur zu dem Zwecke verwandt wird, das Überleben zu üben und sich autark zu halten aus lauter Angst vor den Forderungen und Erwartungen anderer Menschen, sondern wenn es mit einer halbwegs erwachsenen Form von Vertrauen und Selbstvertrauen sich paart. Wäre es dann nicht möglich, daß aus all den Anpassungszwängen der Armut von einst heuer ein Reichtum wird, der alle beschenkt?

Wieviel an *Verständnis* hat nicht ein «Hänsel» schon lernen müssen im Umgang mit den Doppelbödigkeiten seiner Mutter? Wie aber, wenn diese ehemals aus lauter Not geborene Fähigkeit, Menschen in ihren Motiven zu begreifen und nicht nach ihren Worten und Taten zu messen, sich eines Tages als das vorzüglichste Instrument erwiese, die Not der Menschen hinter den Vorwänden ihrer Verhaltensweisen beziehungsweise in den Umständen ihrer Verhältnisse wahrzunehmen? Wie, wenn es möglich wäre, auf sie zuzugehen ohne Vorwurf und ohne moralische Wertung, einzig in der Absicht, ihnen zu helfen und ihnen in ihrer Armseligkeit ein Gespür für ihre Würde und ihren Wert wiederzugeben?

Und wie, wenn die Erfahrung bitterster Armut einmal *nicht* dazu führen würde, den Kampf aller gegen alle noch grausamer zu gestalten, sondern wenn sie zu der Einsicht verhülfe, wie sehr alle Menschen einander brauchen – gerade in ihrer Bedürftigkeit, Ausgesetztheit und Einsamkeit? Kann es nicht sein, daß jemand, der sich so sehr am Rande gefühlt hat wie ein «Hänsel» im «Ställchen», zeit seines Lebens von den «Randständigen» unter den Menschen sich geradewegs angezogen fühlt, mit dem Auftrag, ihnen, gerade ihnen, einen Platz unter den Menschen zu verschaffen? All die Tränen, die «Gretel» weinte, und all die Tränen, die «Hänsel» *nicht* weinte, formen sich nach und nach in solche «Perlen» und «Edelsteine» der Menschlichkeit, in einen «Schatz» der Beheimatung gerade der Menschen, die so etwas wie «Heimat» nie kannten. Am Ende wären Menschen von *«Hänsel-und-Gretel»*-Art wirklich ein «Schatz», – etwas unschätzbar Kostbares, mit dem sie, wie in der Szene im Vaterhaus, auf das verschwenderischste um sich werfen, ein Glück, das sich mitteilt, eine «Neuansiedlung» am Orte der eigenen Herkunft, die nun auch anderen ein Stück Geborgenheit gibt.

Was aber tut ein *«Hänsel»* für sich selbst? *Das* nach wie vor bleibt die *dritte* Frage, und sie bleibt wohl noch auf längere Zeit die Schattenseite im Leben eines Mannes, wie das Grimmsche Märchen ihn schildert. Seine ganze Entwicklung bisher stand unter dem rigorosen Druck eines Daseins für andere; bereits in seinen Kinder- und Jugendjahren bildete es, wie wir sahen, eine Überlebensbedingung, in anderen und für andere leben zu müssen; darin aber, zweifellos, liegen jetzt enorme «Schätze» und

«Reichtümer» verborgen. Zu wünschen indessen bliebe einem *«Hänsel»*, daß es sein Verhältnis zu anderen nicht länger mehr so einseitig definierte, wie es vormals als nötig erscheinen mußte. Gebraucht zu werden und brauchbar zu sein ist eines; wenn aber jemand es braucht, gebraucht zu werden, entsteht eine neue Art von Suchtverhalten, geprägt immer wieder von der Angst, lästig, hinderlich, ja, *schädlich* zu sein, im Falle es nicht gelingen sollte, nützlich, ja, *notwendig* zu werden. Sollte die Entwicklung einen jungen Mann von *«Hänsel»*-Art noch einmal aus seinem «Vaterhaus» hinausführen und sich ein neuer Kreis der Entwicklung an das bisher Geschilderte anschließen, so müßte er lernen, all die «magersüchtigen» Grundeinstellungen aus der Zeit der Not, der Angst und der Schuldgefühle nach und nach zu revidieren.

Wie das?

Zum Beispiel: Einen *«Körper»* zu haben, muß nicht *nur* bedeuten, fremdes Leben zu vernichten und die *Schuld* des Lebens abzubüßen; es kann auch bedeuten, durch die Sinne mit der ganzen Welt verbunden zu sein und zumindest einen erheblichen Teil der Sinneswahrnehmung als Genuß für ein möglichst intensives Leben zu nutzen; es kann bedeuten, im Augenblick jetzt zu leben und in einem erfüllten Glück ein Stück Ewigkeit zu spüren; es kann bedeuten, die kreatürliche Ergänzungsbedürfigkeit aller Lebewesen zu realisieren und zu akzeptieren; und vor allem kann es bedeuten, die unterschiedliche Rolle und wechselseitige Bezogenheit von Mann und Frau aufeinander nicht länger mehr als bedrohlich, verführerisch oder «primitiv» abzulehnen, sondern als eine gegenseitige Bereicherung zu erfahren.

Die *Angst vor dem anderen Geschlecht* und vor der «Geschlechtlichkeit» insgesamt kann jetzt einem tieferen Empfinden von Lust, Austausch und Vertrauen weichen. All die Felder ursprünglicher Scheu und Verunsicherung können jetzt besetzt werden durch eine offene Zugewandtheit und durch ein stärkeres Selbstvertrauen.

Den Grundstock dafür bilden tatsächlich jetzt schon die mitgebrachten «Perlen» und «Edelsteine», denn warum eigentlich soll es nicht möglich und nicht auch erlaubt sein, sie zumindest ein wenig auch für sich selbst auszugeben?

Freilich, wie all dies zu «lernen» sei, ohne daß das «Hänsel» der Liebe *einer Frau* begegnet, die ihm eine Weile lang alles ist und bedeutet: Mutter und Schwester, Freundin und Geliebte, Kameradin und Gefährtin, das ist weit und breit nach aller menschlichen Erfahrung, von welcher die Märchen sonst so reich sind, durchaus nicht zu sehen. Davon erzählt auch nicht mehr das Märchen der BRÜDER GRIMM. Es bleibt in der Tat nur ein «Kindermärchen»; es weitet sich nicht aus zum «Zaubermärchen». Doch wollte man sich in Anlehnung an andere GRIMMsche Geschichten eine Fortsetzung des Märchens von *«Hänsel und Gretel»* erfinden, so könnte sie etwa einsetzen mit dem Anfang der Geschichte von den *Zwei Brüdern* (KHM 60) [132], die, ebenfalls als die Söhne eines armen Mannes, jeden Morgen mit einem Goldstück unter ihrem Kopfkissen aufwachen. Auch diese «zwei Brüder» verkörpern im Grunde nur die zwei Seiten *einer* Persönlichkeit. Die Frage *dieses* Märchens wird es sein, wie ein Mensch solchen Zwiespalts an der Seite der Schar seiner Tiere nach gefahrvollen Kämpfen gegen einen furchtbaren Drachen und gegen eine versteinernde «Hexe» in der Liebe zu einer wunderschönen Königstochter zu sich selber zu finden vermag… Es handelt sich bei dem Brüdermärchen um die längste und komplizierteste Erzählung der GRIMMschen Märchensammlung überhaupt; doch ebenso langwierig und verschlungen werden wir uns die Entwicklung eines «Hänsels» im weiteren vorstellen müssen, ehe in einer Person dieser Art so etwas wie ein stilles Einverständnis mit sich selbst und ein ruhiges Glück in der Nähe eines anderen Menschen im Raume wechselseitiger Liebe zu wachsen vermag.

Da die BRÜDER GRIMM ihr Märchen von *Hänsel und Gretel* mit einem kurzen Reimvers enden, scheint es nicht ungelegen, die Gestalt eines *«Hänsel»* ebenfalls zusammenfassend in Form eines kleinen Gedichtes zu malen:

> Er war ein Kind noch, als durch lange Nächte
> er schlaflos lag und lauschte an der Wand,
> wenn seine Eltern, arme Schuldenknechte,
> besprachen, wie die Angst ihr Heim umstand.

> Er sah als Last sich in ihr Leben fallen
> und blieb so leise, als es irgend ging.
> Doch wich der Vorwurf nie, er äße allen
> ihr eigen Brot fort, wenn die Not anfing.

> Wie oft erträumte er den Weg nach Hause!
> Die Steine, die er streute, lenkten ihn.
> Doch vor ihm stand, verzweifelt selbst, die grause
> Gestalt der Mutter, lockend und zu fliehn.

> Oh wär' es möglich, ohne Schuld zu leben,
> bedürfnislos, diszipliniert und rein,
> und alle Wünsche könnten sich verweben,
> es gäb' den Zank nicht mehr um «Mein» und «Dein»…

> Da hub er an, die Menschen zu verstehen;
> er sah in ihrem Hunger stets auch sich.
> Er sah die Zeiten kommen und vergehen
> und wartete, daß ihre Sorge wich.

> War er ein Mann? Wenn er die andern fragte,
> war er es kaum. Er kämpfte nicht genug.
> Doch war er's, der ein eignes Leben wagte.
> Adel wie Tadel galten ihm als Trug.

> Er plante nicht. Er konnte nur gewinnen,
> bewußt und gütig, einem jeden gleich,
> und fühlte doch die Tage leer verrinnen
> in einem Dasein alt und kalt und bleich.

> Wie Wellen, die ein einsam Ufer säumen,
> umfloß die Sehnsucht ihn nach Zärtlichkeit,
> und seine Seele reifte in den Träumen
> zu einer Liebe ohne Haß und Streit.

> – – – – – – – – – –

> So sind die Märchen, daß sie malen,
> was Hunger, Not und Armut ist,
> und helfen doch, daß man die Qualen
> des Menschseins liebevoll vergißt.

Anmerkungen

[1] Vgl. N. DAVIES: Opfertod und Menschenopfer. Glaube, Liebe und Verzweiflung in der Geschichte der Menschheit (1981), aus dem Amerik. v. S. Kull, Düsseldorf–Wien 1981, bes. S. 196–230: Die andere Seite des Paradieses, zu den Themen von Kopfjagd, Kinderopfern und Kannibalismus. S. 323 erinnert DAVIES zu Recht an die «Opferhandlungen», die im Europa des 20. Jh. vor allem der Wahnsinn des 1. und 2. Weltkrieges gefordert hat.

[2] H. CH. ANDERSEN: Neue Märchen, 2. Bd., 2. Sammlung, 1948; in: Sämtliche Märchen in 2 Bänden, übertr. von Th. Dohrenburg, hrsg. von E. Nielsen, Zürich 1976, I 409–412.

[3] Die endgültige Fassung des *Hänsel- und Gretel*-Märchen der BRÜDER GRIMM ist im Grunde eine Geschichte, die das Echo der eigenen Geschichte erzählt. W. SCHERF: Lexikon der Zaubermärchen, Stuttgart 1982, 186–191, meint zur Entstehung der Grimmschen Fassung, daß W. GRIMM 1810 «eine Erzählung vermutlich aus der Familie des aus Bern stammenden Apothekers Rudolf WILD gehört und aufgezeichnet» hat, «möglicherweise von der damals 17jährigen Henriette Dorothea Wild, seiner späteren Frau». 1813 ergänzte W. GRIMM vermutlich noch den Vers vom Wind. Nun aber «war den Brüdern Grimm aus zweiter Hand eine schwäbische Mundartfassung von einem Zuckerhäuschen bekanntgeworden, an dem Kinder lecken, das aber von einem Wolf bewohnt ist. Die Nähe des barocken Buchmärchens *Nennillo e Nennella* des Neapolitaners Giambattista BASILE (5, 8) war vor allem Jacob GRIMM klar, aber ebenso auch die Ähnlichkeit zwischen dem Anfang unseres Märchens und dem Auszug der sieben Kinder des Holzhauerpaares in PERRAULTS Märchen (Kieselsteine und Brotbrocken als ausgelegte Wegmarken kommen sonst nicht vor). Wilhelm GRIMM überarbeitete den Text von 1812 gründlich für die Zweitauflage von 1819 – aber für die fünfte Auflage von 1843 führte er, und das wurde bisher übersehen, noch einmal wesentliche Neuerungen ein, deren Quelle er an keiner Stelle erwähnte. Diese Quelle ist *Das Eierkuchenhäuslein* aus August STÖBERS *Elsässischem Volksbüchlein* von 1842, aus deren Mundartfassung Wilhelm GRIMM mehrere auffällige Züge und Redewendungen in seinen Erzählstil übertrug: so die Ausrede Hänsels, seine Katze wolle ihm ade sagen, das schneeweiße Vöglein, das große Wasser am Ende des Hexenwaldes, der Entchen-Vers und die Schlußformel von der Maus, aus der man hätte eine Pelzkappe machen können. Dabei übersah Wilhelm GRIMM offensichtlich, daß August STÖBERS Erzählung auf W. GRIMMS Fassung aus den ersten Auflagen fußt und eine Übertragung des Grimmschen Textes in Mundart ist, angereichert durch einige malerische Einzelzüge, reizvolle Versfassungen und volkstümliche Redewendungen. Genau diese Zugaben übernahm Wilhelm GRIMM, wie R. HAGEN nachweist, in die fünfte Auflage von 1843. Obgleich Briefverbindung zumindest zwischen Jacob GRIMM und August STÖBER, der ja Mitarbeiter des Wörterbuches war, bestand, fiel offenbar von keiner Seite ein Wort über die Entlehnung.» – Zur endgültigen Fassung des Märchens bemerkt W. SCHERF zu Recht: «Betrachtet man das Ganze im Hinblick auf Zuhörererwartung und Erzählabsicht, so zeigt sich gerade bei der *Hänsel-und-Gretel*-Fassung deutlich die Struktur eines auf Zaubermärchen-Grundlage entstandenen Kindermärchens. Hier ist zwar die Rede von Ablösung und Selbstfindung, nicht aber von der Aufnahme eigenständiger seelischer Bindungen zum künftigen Partner.» – Zur Literaturgeschichte des Märchens vgl. auch E. WINTER: Ur- und Endfassung des Grimmschen Märchens Hänsel und Gretel, in: Pädagogische Rundschau, 16, 1962, 808–819.

[4] W. SCHERF; a. a. O., 186: «Unter dem Titel *Das Brüderchen und das Schwesterchen* zeichnete Wilhelm GRIMM das Märchen von den Kindern bei dem Ungeheuer auf, von der Aussetzung im Wald, der Vernichtung des Ungeheuers und der glücklichen Heimkehr, und veröffentlichte es 1812 im ersten Band der Erstausgabe als Nr. 15. In der Handschrift hat Jacob GRIMM hinzugefügt: ‹alias Hänsel u. Gretchen. cf. Perrault›.»

[5] E. DREWERMANN: Brüderchen und Schwesterchen, Olten 1990, S. 13–14.

[6] B. BETTELHEIM: Kinder brauchen Märchen (1975), aus dem Amerik. v. L. Mickel – B. Weitbrecht, Stuttgart 1977, 151–157 spricht zwar von den Ängsten und «Lernaufgaben des kleinen Kindes» (S. 152), beläßt es dann aber bei den *zwei* Kindern, statt dessen deutet er vor allem die zentrale Hungerproblematik des Märchens als ein rein subjektives Erleben von Kindern, die von den oralen Fixierungen auf ihre Mutter nicht lassen wollen. U. ESCHENBACH: Hänsel und Gretel. Das geheime Wissen der Kinder, Zürich 1986, S. 127, sieht in der «Geschwisterliebe» der beiden Kinder gar «eine Vorschule für die Liebe zum anderen Geschlecht». Weitaus fruchtbarer hingegen fällt die Interpretation aus, wenn man dem Märchen der Brüder GRIMM Glauben schenkt und die Hungersnot der Eltern als *reale* Bedingung für die Entwicklung einer *Hänsel-und-Gretel*-Psychologie versteht, die Gestalten der beiden

Kinder hingegen *subjektal* als Seiten ein und derselben *männlichen* Persönlichkeit betrachtet, so wie im Grunde auch die Gestalten von Vater und Mutter als die widersprüchlichen Stimmen im Erleben ein und derselben *mütterlichen* Person zu deuten sind. F. LENZ: Bildsprache der Märchen, Stuttgart 1971, 61–73, S. 62, sieht in den beiden Kindern das «noch in echter Beseeltheit geborene Gefühl», *Gretel,* und den «im Werden» begriffenen Willen, *Hänsel,* und meint: «Gefühl und Wille sind geschwisterlich miteinander verbunden. Aber wir dürfen diese beiden nicht nach Holzhackerart als abstrakte Kräfte betrachten. Sie sind lebendige Wesenskräfte.» Diese Deutung ist selber sehr «abstrakt», führt aber immerhin in die «richtige», das heißt in die dem Märchen am meisten angemessene Interpretationsrichtung. Auch R. MEYER: Die Weisheit der deutschen Volksmärchen, Stuttgart 1969, S. 91, sieht «Hänsel» und «Gretel» als «Doppelgestalt», «als seelisches und geistiges Wesen» an. Das ist ebenfalls in dieser Form zu spekulativ, vermutet indessen etwas intuitiv Richtiges.

7 CH. PERRAULT: Contes de Fées (1697). Märchen. dtv zweisprachig, Übersetzung v. U. F. Müller, München (dtv 9196) 1996, 122–149: Le Petit Poucet – Däumling.

8 Vgl. G. TRAKL: Die Dichtungen, Salzburg 1938, S. 77. Zur Deutung von *Humperdinck*s Oper vgl. die Hinweise bei U. ESCHENBACH, s. o. Anm. 6, S. 108–116.

9 Vgl. HARENBERG: Opernführer, Dortmund 1995, 372–375. E. HUMPERDINCK: Hänsel und Gretel. Märchenspiel in drei Bildern von A. Wette (1893), Stuttgart (reclam 7749) 1952.

10 L. VON BERTALANFFY – W. BEIER – R. LAUE: Biophysik des Fließgleichgewichts, Braunschweig ²(bearb. u. erw.) 1977.

11 Zum «Ideal» der *Armut* vgl. E. DREWERMANN: Kleriker, Psychogramm eines Ideals, Olten 1989, 674–688: Von einer Armut, die freimacht.

12 Vgl. E. FROMM: Haben oder Sein. Die seelischen Grundlagen einer neuen Gesellschaft (1976), aus dem Amerik. v. B. Stein, in: Gesamtausgabe, hrsg. v. R. Funk, Bd. 2, Stuttgart 1980, 269–414.

13 G. BERNANOS: Tagebuch eines Landpfarrers (1936), aus dem Franz. v. J. Hegner, Köln ¹¹1966, S. 67.

14 A. a. O.

15 F. M. DOSTOJEWSKIJ: Tagebuch eines Schriftstellers, aus dem Russ. v. E. K. Rashin, München 1963, S. 268.

16 K. NOETZEL: Das Leben DOSTOJEWSKIJS (1925), Osnabrück 1967, S. 666–668; vgl. bes. auch F. M. DOSTOJEWSKIJ: Tagebuch eines Schriftstellers, aus dem Russ. v. E. K. Rashin, München 1963, 149–188: Anläßlich des Prozesses Kroneberg.

17 Vgl. A. ADLER: Über den nervösen Charakter. Grundzüge einer vergleichenden Individual-Psychologie und Psychotherapie (¹1912), Frankfurt (Fischer Tb. 6174) 1972, eingel. v. W. Metzger, S. 163.

18 L. DETTMANN: Im Leid (1893), in: Museum für Kunst und Kulturgeschichte, Lübeck.

19 Vgl. F. KLUGE: Etymologisches Wörterbuch der Deutschen Sprache, Berlin ²¹1975, 163: «elend» kommt von alt-hochdeutsch *eli-lenti* und besagt: «in fremdem Land, aus dem Frieden der angeborenen Rechtsgenossenschaft ausgewiesen, verbannt.»

20 Vgl. W. WICKLER: Mimikry. Nachahmung und Täuschung in der Natur (1968), Frankfurt (Fischer Tb. 6192) 1973.

21 Vgl. E. DREWERMANN: Ein Plädoyer für die Lüge oder: Vom Unvermögen zur Wahrheit, in: Psychoanalyse und Moraltheologie, 3. Bd.: An den Grenzen des Lebens, Mainz 1984, 199–236, bes. S. 232 ff.: Die Lügen der Barmherzigkeit.

22 A. SCHOPENHAUER: Preisschrift über die Grundlage der Moral, *nicht* gekrönt von der Königlich Dänischen Societät der Wissenschaften zu Kopenhagen, am 30. Jan. 1840, in: Sämtliche Werke in 7 Bänden; hrsg. von A. Hübscher, Bd. 4: Schriften zur Naturphilosophie und Ethik, Wiesbaden ³1972, 103–275, bes. S. 222–226.

23 U. ESCHENBACH: Hänsel und Gretel, s. o. Anm. 6, S. 37–42, schildert zu Recht den Aspekt der «Rabeneltern» in dem GRIMMschen Märchen und betont an anderer Stelle (S. 35) auch wohl «die Realität der Armen, die sich hier nackt und ohne jede soziale Verschönerung darstellt», doch führt sie diesen Ansatz nicht konsequent fort, sondern zersplittert ihn in ein Vielerlei nebeneinander gesetzter, unverbundener Einzelaspekte. B. BETTELHEIM: Kinder brauchen Märchen, s. o. Anm. 6, S. 151, meint: «Ein kleines Kind, das in dunkler Nacht hungrig aufwacht, hat schreckliche Angst, verschmäht und im Stich gelassen zu werden, was es als Angst zu verhungern erlebt.» Das mag sein; doch «normale» Kinder laufen dann zu den Eltern und bitten sie um Nahrung oder gehen, wenn alt genug, selber in die Küche. Zudem schildert das Märchen nicht, wie die Kinder vor Hunger nachts aufwachen, sondern wie sie *des Nachts* das Gespräch der Eltern belauschen. Für B. BETTELHEIM ist das, was sie da zu hören bekommen, eine «Projektion» «kindlicher Angstphantasien»; doch die BRÜDER GRIMM erzählen von einer Angst, die den Kindern erst wird aufgrund der Ausweglosigkeit, in welcher die Eltern sich befinden. B. BETTELHEIM sieht das im Grunde selber: Das Märchen «fängt realistisch an», schreibt er und erkennt: «Armut und Not machen den Menschen nicht besser, sondern eher egoistischer» (S. 151); doch dann gibt er diese seine Einsicht an das «Dogma» ab: «Das Märchen drückt in Worten und Handlungen aus, was sich im Kopf von Kindern abspielt.» Das tut es gewiß, doch was sich da abspielt, ist nicht ohne Bezug zur «Wirklichkeit»! Dieser Unterschied der Betrachtungsweise ist auch psychotherapeutisch entscheidend: Wer, wie BETTELHEIM, Kinder behandelt, die er in einer «geordneten» Umgebung glaubt, wird natürlich geneigt sein, alle Hungerphantasien eines Kindes als «rein subjektiv» zu verstehen; vielleicht aber muß man auch dem Kinde schon glauben, daß es an seelischer oder materieller *Unterernährung,* das heißt vor allem an den Gefühlsambivalenzen der Eltern leidet. Und vollends ist klar, daß man einem Mann, einer Frau, die zum Beispiel durch die Hungerjahre der Nachkriegszeit in Deutschland als Kinder zutiefst geprägt wurden, den «Realismus der Armut» mit all seinen psychischen Folgen nicht als «nur vorgestellt» ausreden kann. «Armut» der Eltern aber – das kann so viele Gründe haben, und sie alle sind «passend» zum Verständnis der Ausgangslage des GRIMMschen Märchens: der Vater wird plötzlich arbeitslos – viereinhalb Millionen Menschen in der reichen Bundesrepublik sind im Jahre 1997 davon betroffen –, oder der Familienbetrieb, eine Bäckerei oder Modebou-

tique, geht in Konkurs, oder der Arbeitsaufwand für den Familienbetrieb: eine kleine Pension, eine Gaststätte, eine Möbelschreinerei, ist so groß, daß für die Kinder weder genügend Zeit noch Energie bleibt, oder die Mutter, der Vater erkrankt psychosomatisch an den chronischen Überforderungen, und die Krankenkasse verweigert die Kostenübernahme für die ebenso notwendige wie aufwendige Weiterbehandlung, oder...! R. GEIGER: Märchenkunde. Mensch und Schicksal im Spiegel der Grimmschen Märchen, Stuttgart 1982, 263–282, S. 263, erleichtert sich die Problemstellung des Märchens allzu sehr, wenn er schreibt: «Wie könnte sich die Geschichte entwickeln, wenn die Frau nicht so wäre, wie sie ist? ... die Kinder könnten daheim bleiben.» Gerade nicht!

[24] Den *Sucht*-Charakter der Sehnsucht nach Hause bereits hier schon zu betonen, ist für das Verständnis alles weiteren unerläßlich. Zur Psychologie der Sucht vgl. E. DREWERMANN: Suchtstrukturen, Süchte – und ihre fast unmögliche Behandlung, in: Psychoanalyse und Moraltheologie, 3. Bd.: An den Grenzen des Lebens, Mainz 1984, 85–97. L. SZONDI: Triebpathologie, 1. Bd.: Elemente der exakten Triebpsychologie und Triebspychiatrie, Berlin 1952, S. 415, meinte richtig, die Sucht sei «eine permanente Prothese für die veruntreute Mutter, für die verlorene Dualunion». Genau darum geht es in dem Märchen von *Hänsel und Gretel*. B. BETTELHEIM, s. o. Anm. 6, hat die Probleme der Loslösung eines Kindes von seiner Mutter anhand der GRIMMschen Geschichte meisterlich beschrieben, doch geht er auf die dramatische Steigerung des Erlebens in der vorliegenden Erzählung und deren Gründe nicht gebührend ein, so daß er im «Normalen» verbleibt, wo das Unheimliche, Gefährliche, Lebensbedrohliche, Krankhafte in der Entwicklung eines Kindes besprochen werden müßte.

[25] So B. BETTELHEIM, s. o. Anm. 6, S. 151: «Es ist die Angst und tiefe Enttäuschung des Kindes, wenn die Mutter nicht länger bereit ist, alle seine oralen Wünsche zu erfüllen, die es zu der Annahme verleitet, seine Mutter sei plötzlich lieblos, selbstsüchtig und ablehnend geworden... Bevor das Kind den Mut besitzt, die Reise zu sich selbst anzutreten, bevor es durch das Zusam-

mentreffen mit der Welt zur selbständigen Persönlichkeit wird, kann es nur insofern Initiative entwickeln, als es versucht, in die Passivität zurückzukehren... Das Märchen von Hänsel und Gretel zeigt uns, daß das auf die Dauer nicht möglich ist.» Andererseits erkennt B. BETTELHEIM natürlich den regressiven Zug, der in dem Gang zum «Lebkuchenhäuschen» liegt (S. 152–153); doch da er die Widersprüchlichkeit der Gestalt der Mutter als kindliche Projektion deutet, wird nicht klar, was die so starke Sehnsucht der Kinder nach Hause begründen sollte.

[26] Schon S. FREUD: Über die weibliche Sexualität (1931), Gesammelte Werke XIV, London 1948, 515–537, S. 527, verwies auf «die Gier der kindlichen Libido» mit all den Vorwürfen, die sich aus den unvermeidbaren Enttäuschungen des Kindes gegenüber der Mutter zu ergeben pflegen, doch band er die Thematik des Liebesverlustes allzu spekulativ und allzu starr an die Thematik der Körperorgane erwachsener Liebe. – Wie *Tiere* das Problem der Loslösung der Kinder von den Eltern beantworten können, zeigt die erstaunliche Praktik der amerikanischen *Grizzlies,* deren Verhalten in etwa dem entspricht, was in dem GRIMMSCHEN Märchen von *Hänsels* Mutter in Szene gesetzt wird: Stets wenn Gefahr droht, schicken die Bären ihre Jungen auf einen nahestehenden Baum und holen sie später, wenn die Gefahr nicht mehr besteht, wieder von ihrem Zufluchtsort ab. Eines Tages aber, wenn die Jungen groß genug sind, schicken die Eltern ihre fast schon erwachsenen Kinder auf einen Baum, auch wenn keine Gefahr droht; die Kinder warten dort einen Tag und noch einen Tag, aber die Eltern kommen nicht wieder, – sie sind einfach fortgegangen. Ob sie es wollen oder nicht, treibt der Hunger die Tierkinder nach einer Weile des Klagens von den Bäumen herunter, hinein in ihre neue, eigene Welt.

[27] Diese «höhere» Stufe der Organisation des Ichs ist bereits vorausgesetzt, wenn B. BETTELHEIM, s. o. Anm. 6, S. 153, besonders angesichts des «Lebkuchenhäuschens» von einer «Regression zu dem frühesten ‹himmlischen› Zustand des Seins» spricht, «als man noch an der Brust der Mutter symbiotisch mit ihr lebte». Zum zwangsneurotischen Erleben, besonders zu seiner *magischen* Seite, vgl. bereits FREUD:

Zwangshandlungen und Religionsübungen (1907), Gesammelte Werke VII, London 1941, S. 129–139. Vgl. auch G. BENEDETTI: Psychodynamik der Zwangsneurose, Darmstadt 1978, S. 64–67: Zwangsneurose und Struktur der Angst.

[28] Sehr treffend bringt U. ESCHENBACH, s. o. Anm. 6, den Konflikt von *Hänsel und Gretel* zum Ausdruck, wenn sie (S. 57) fragt: «Wie ist es... möglich, daß Kinder so etwas (sc. wie ihr eigenes Verstoßenwerden) schweigend hinnehmen und ohne Widerrede tun, was die Eltern ihnen befehlen, obwohl sie wissen, was die Eltern vorhaben? Und ob Eltern wohl wissen, wieviel Angst Kinder haben können und sie darum Heimliches tun oder Getanes verschweigen, weil zu viel Mut dazu gehört, die Eltern zu fragen: ‹Was wollt ihr mit uns tun›?» «Unerreichbar scheinen die Eltern in ihrem Plan zu sein, so daß auch die kurzen Worte, die gewechselt werden, keine Lücke anbieten für die Frage: Warum sollen wir sterben? Die Härte dieser Situation wirkt erschreckend und abstoßend. Niemand möchte sich mit solch einem Vater identifizieren, niemand mit einer solchen Mutter.» Um so wichtiger wird es, sich die psychische Wirkung klarzumachen, die das notbedingte Verhalten der Eltern auf die Seele eines *Hänsel-und-Gretel*-Kindes haben muß.

[29] Vgl. F. M. DOSTOJEWSKIJ: Der Spieler. Aus den Aufzeichnungen eines jungen Menschen (1865), aus dem Russ. v. A. Eliasberg, Hamburg (rk 67) 1960. S. GEIER: Zum Verständnis des Werkes, a. a. O., 139–156, S. 148–149, verweist zu Recht auf die Beziehung, die zwischen DOSTOJEWSKIJS Spielsucht und seiner geheimnisvollen Leidenschaft zu *Pauline Suslóva* bestand.

[30] Vgl. F. M. DOSTOJEWSKIJ: Gesammelte Briefe 1833–1881, aus dem Russ. v. F. Hitzer, München 1966, S. 395–400, den erschütternden Brief DOSTOJEWSKIJS vom 29. Apr. 1871 aus Wiesbaden an seine Gemahlin, in dem er ihr das Ende seiner Spielsucht und die Geburt des «neuen Menschen» mitteilt.

[31] R. GEIGER, o. Anm. 23, S. 266–267, verweist zu Recht darauf, daß die «kleinen Wanderer ihre Nachterinnerung auf den Mond» stützen. «Nicht der Sonne, sondern dem Mond danken die Ausgestoßenen ihre erste Heimkehr.» Was

aber ist es dann mit dem Wechselspiel von Tag und Nacht in dem Märchen als einem «Spiel» zwischen zwei Wirklichkeitsebenen?

32 K. STRUCK: Erinnerungen an Hänsel und Gretel, in: J. Jung (Hrsg.): Bilderbogengeschichten. Märchen, Sagen, Abenteuer. Neu erzählt von Autoren unserer Zeit (1974), München (dtv 1218) 1976, 203–206, erklärt ohne Umschweife, aber ganz richtig: «Die Katze ist ein Muttersymbol.» Doch geht sie auf den Sinn dieser Symbolik in dem Märchen nur rein assoziativ ein.

33 Zum «Heimfindevermögen» der *Taube* vgl. T. H. WATERMAN: Der innere Kompaß. Sinnesleistungen wandernder Tiere (1989), aus dem Amerik. v. B. Achauer und U. Loos, Heidelberg 1990, 150–151; 185–187.

34 R. GEIGER, s. o. Anm. 23, S. 266, meint richtig: «Gretel läuft nur mit. – Hänsel setzt die Zeichen.» Aber welch eine Rolle spielt die «mitlaufende» «Schwester» innerpsychisch?

35 A. STIFTER: Bunte Steine. Ein Festgeschenk (1853), in: Sämtliche Werke, hrsg. v. H. Geiger, 2. Bd., Wiesbaden (Vollmer Verlag) o. J., 5–278, S. 143–189: Bergkristall.

36 So S. FREUD: Die Zukunft einer Illusion (1927), Gesammelte Werke XIV, London 1948, 323–380.

37 Vgl. C. G. JUNG: Die Bedeutung des Vaters für das Schicksal des Einzelnen (1909), Gesammelte Werke, Bd. 4: Freud und die Psychoanalyse, Olten–Freiburg 1969, 345–370; DERS.: Die psychologischen Aspekte des Mutterarchetypus (1939), Bd. 9, 1. Teil: Die Archetypen und das kollektive Unbewußte, Olten 1976, 89–123.

38 R. GEIGER, s. o. Anm. 23, sieht richtig: «Im Vater haben die Kinder ihren Halt… Seiner Nähe vertrauen die Kinder, meinen seine Axtschläge zu hören. Durch alle Zeilen wird spürbar: Wo der Vater weilt, ist für die Kinder ein Daheim.» Aber dieses «Daheim» ist nichts als ein «Irrtum», als eine wunschbedingte Fiktion!

39 Ein solches «Einschlafen» aus Angst, Resignation und Einsamkeit kurz vor Ausbruch einer schweren seelischen Erkrankung schildert auch das – so «lustig» sich gebende! – GRIMMsche Märchen von der «klugen Else» (KHM 34); vgl. E. DREWERMANN: Die kluge Else. Rapunzel, Olten 1986, 5–50, S. 36–38.

40 E. MUNCH: Trost im Walde (1923–1925), Abbildung in: Munch-Museum, Oslo.

41 R. GEIGER, s. o. Anm. 23, 267–268, schreibt durchaus zutreffend: «Indem Hänsel die Brotbröcklein streut, opfert er etwas, das ihm selbst geschenkt wurde, weil er es braucht für den Tag; aber sein Opfer kann die Nachterleuchtung nicht ersetzen.» Doch vertut der Autor diese völlig richtige Einsicht, indem er ins «Mystische» ausweicht, statt – wenigstens zunächst einmal – in der Psychologie zu bleiben; so wird denn das «ins Pflanzliche ausgeströmte Leben der Sonne… zum Lebensbrot der beseelten Kreaturen… Im Brot spiegelt sich kein Mond mehr; die Sonnensubstanz bildet und nährt…» Was hat das noch zu tun mit dem Hunger eines Kindes, das seine letzten Nahrungsreserven wegwirft?

42 B. BETTELHEIM, s. o. Anm. 6, übergeht die reale dramatische Notlage der Kinder und mißversteht deshalb den *Sinn* des Brotopfers, wenn er schreibt: «Das nächste Mal macht er (sc. Hänsel) sich seinen Verstand weniger gut zunutze – denn er hätte ja wissen müssen, daß die Vögel die Brotkrumen aufpicken würden… Besser hätte er sich Orientierungszeichen am Wegesrand gemerkt.» «Dies zeigt die nachteilige Wirkung der Fixierung auf eine primitive Entwicklungsstufe, wozu ihn die Angst getrieben hat.» Mit einem solchen «Realismus» des Denkens, der den realen Angsthintergrund der Kinder konsequent ausblendet, gelangt die Interpretation des GRIMMschen Märchens schließlich dahin, den Kindern ihre «Fixierung» an die Mutter, ihre Unselbständigkeit, ja, ihre maßlose orale Gier gerade in dem Moment *vorzuwerfen,* wo sie am meisten verzweifelt und hilflos sind. Es ist klar: B. BETTELHEIM versetzt sich hier nicht in die Lage der Kinder hinein, er verteidigt vielmehr die Erwachsenen vor den kindlichen Ansprüchen, und so entgeht ihm eigentlich beides: die Tragödie der Eltern ebenso wie die Tragödie der Kinder.

43 Zu dem Wechsel von *Härte* und *Verwöhnung* nebst den entsprechenden Wirkungen vgl. H. SCHULTZ-HENCKE: Der gehemmte Mensch. Entwurf eines Lehrbuches der Neo-Psychoanalyse (1940), Stuttgart ²1967, 44–46; besonders die Konstellation: «starke Mutter, schwacher Va-

ter» (S. 47) finden wir in dem GRIMMschen Märchen ausgebildet.

44 K. KOLLWITZ: Paragraph 218, Abbildung in: Stiftung Archiv der Akademie der Künste, Berlin.

45 Es war, wohlgemerkt, die *Kommunistische Partei Deutschlands,* die 1928 im Reichstag einen Gesetzentwurf zur Abschaffung des Paragraphen 218 des Strafgesetzbuches einbrachte. Wie die Geschichte der BRD zeigt, ist es unmöglich, in dieser Frage irgendeinen Fortschritt zu erzielen, solange die Verflechtung der römisch-katholischen Kirche mit der herrschenden Macht unangefochten weiterbesteht. Vgl. W. HOFMANN (Hrsg.): Eva und die Zukunft. Das Bild der Frau seit der Französischen Revolution, München 1986, 419, Abb. 355: A. LEX-NERLINGER: Paragraph 218.

46 K. KOLLWITZ: Deutschlands Kinder hungern (1924), in: Käthe Kollwitz Museum in der Kreissparkasse (!) Köln.

47 K. KOLLWITZ: Brot (1924), in: Käthe Kollwitz Museum in der Kreissparkasse (!) Köln.

48 Die *Vögel* sind in den Märchen in aller Regel die Repräsentanten *geistiger* Kräfte. Wie weit indessen die Deutungen an dieser einfachen Feststellung vorbeigehen können, zeigt U. ESCHENBACH, s. o. Anm. 6, S. 95–96, die sogar den «Mißerfolg» beim Ausstreuen der Brotkrümel positiv interpretiert, als hätte «Hänsel» sich «den Dank und die Hilfe der Tiere» erworben. Davon kann an dieser Stelle gerade *keine* Rede sein. Allerdings besteht eine innere Beziehung zwischen dem «Täubchen» auf dem Dach, den fressenden «Vögeln» hier, dem weißen Vöglein, das sogleich auftaucht, und dem Entchen gegen Ende des Märchens; doch ist dieser Zusammenhang nicht so einfach. Nach B. BETTELHEIM, s. o. Anm. 6, 152, sollte «das Erlebnis mit den Vögeln» «davor gewarnt haben…, Dinge einfach aufzuessen». Doch auch das mißversteht die Gefühlslage der heimatlos gewordenen Kinder. Zustimmen freilich muß man ihm, wenn er (S. 155) die Taube, das weiße Vöglein und die Ente als Einheit sieht. PLATON: Timaios, in: Sämtliche Werke, hrsg. v. E. Grassi, Bd. 5, Hamburg (rk 47) 1959, S. 141–213, meinte, die *Vögel* seien entstanden aus Männern «von zwar harmlosem, aber leichtem Sinne, welche wohl mit den Erscheinungen am

Himmel sich beschäftigen, aber aus Geistes-beschränktheit meinen, die auf den Augenschein sich gründenden Schlüsse seien die zuverlässigsten» (S. 212).

49 U. Eschenbach, a. a. O., 100, meint: «Nachdem die Kinder erschöpft und am Ende ihrer Kräfte unter dem Baum eingeschlafen und am Morgen wieder erwacht waren, beginnt das Märchen behutsam, seine finstere Realitätsebene zu verlassen und in die Traumgespinste der Phantasie überzuwechseln. Das Märchen überspringt die sicherlich ja recht abenteuerliche dreitägige Wanderung durch den nun ganz dichten Wald.» Das stimmt nur begrenzt: «phantastisch» war das Verhalten der Kinder all die Zeit über schon, doch beginnt jetzt der «Übergang» in eine kompensatorische Gegenwelt von Wunscherfüllung und Strafangst.

50 Das Motiv des *Beerensuchens* ist so nebensächlich nicht, wie die gängigen Interpretationen des Märchens glauben machen möchten; es zeigt immerhin an, wie die Kinder leben könnten, *ohne* ihren Eltern das Brot wegzuessen, und es ist diese Rückkehr in den «Naturzustand», der so, wie die Grimmsche Geschichte sich jetzt erzählt (s. o. Anm. 3), allererst das «weiße Vöglein» heraufführt.

51 B. Bettelheim, s. o. Anm. 6, S. 152, meint nicht zu Unrecht: «Nachdem Hänsel und Gretel keine Lösung für ihr Problem finden…, fallen sie jetzt ganz in die orale Regression zurück. Das Lebkuchenhaus repräsentiert ein Leben auf der Stufe primitivster Befriedigung.» Allerdings gilt es, das Kuchenhäuschen als die vollkommene Umkehrphantasie zur Härte der Realität zu sehen; *Kompensation,* nicht nur Regression, spricht sich in diesem Bild aus.

52 U. Eschenbach, s. o. Anm. 6, S. 101, sieht in dem *weißen Vöglein* zu Recht ein Bild «der Weisheit oder der Unschuld. Die weiße Taube galt sogar als Gottesbote.» Doch dann konstatiert sie eigentlich nur noch das Paradoxe, das darin liegt, daß «gerade dieser helle Bote… die Kinder direkt zu der Hexe führt». F. Lenz, s. o. Anm. 6, S. 66, verweist darauf, daß der weiße Vogel nach drei Tagen zur *Mittagszeit* erscheint: «Am dritten Tag muß (sc. zufolge der mystischen Tradition, d. V.) eine Erkenntnis gereift sein, eine Offenbarung geschehen.» «Wir wissen, daß

Mensch und Tier beim Höchststand der Sonne von einer eigentümlichen Lethargie ergriffen werden… In den Sagen der Völker spiegeln sich mancherlei Erlebnisse wider, in der Begegnung mit der Mittagsfrau, die mit der Sichel das Bewußtsein spaltet.»

53 Etwas Ähnliches findet sich zum Beispiel in dem Grimmschen Märchen vom *Mädchen ohne Hände* (KHM 31), wo die Müllerstochter aus der Armut und Gewalttätigkeit ihres Vaters schließlich in einen «königlichen» Garten flieht, zu dem ein «Engel» ihr Zugang verschafft und in dem ein großer Birnenbaum wächst, von dessen Früchten das Kind seinen Hunger stillt; auch dort aber wartet in Wahrheit der *Teufel* auf das unschuldige Kind… Vgl. E. Drewermann – I. Neuhaus: Das Mädchen ohne Hände, Olten 1981, 33–38.

54 E. L. Rochholz: Das Lebkuchenhaus. Zur Geschichte der Festbrode, in: Zeitschrift für deutsche Kulturgeschichte, 1872, 1. Bd., 161–181, denkt bei der Schilderung des Lebkuchenhauses an «das Wohnhaus der Germanengötter»: «Es liegt (sc. im Unterschied zu dem Himmel der Christen, d. V.) auf Erden, ist einzelnen Reisenden erreichbar und zugänglich und gewährt ihnen Herberge, Nahrung und Belehrung» (S. 162). Das Christentum setzte dagegen die Vorstellung endloser «Pein von Höllenstrafen», welche «die maßlosen Hoffnungen des Heiden auf sinnlichen Seligkeitsgenuß» aufwiegen sollten (S. 167).

55 Zu Recht weist U. Eschenbach, s. o. Anm. 6, S. 105, auf die symbolische Gleichung von «Haus» und «Frau» beziehungsweise «Mutter» hin. B. Bettelheim, s. o. Anm. 6, S. 153, meint: «Ein Lebkuchenhaus, welches man ‹aufessen› kann, ist ein Symbol der Mutter, die tatsächlich ja das Kind mit ihrem Körper nährt. So steht das Haus, das Hänsel und Gretel selig und sorglos verzehren, in ihrem Unbewußten für die gute Mutter, die ihren Körper für die Ernährung ihres Kindes hingibt.»

56 Vgl. K. Abraham: Versuch einer Entwicklungsgeschichte der Libido auf Grund der Psychoanalyse seelischer Störungen (1924), in: Gesammelte Schriften, hrsg. v. J. Cremerius, 2. Bd., Frankfurt (Fischer Wissenschaft 7320) 1982, 32–102, bes. S. 53–61: Zwei Stufen der oralen Entwicklungsphase der Libido.

57 B. Bettelheim, s. o. Anm. 6, S. 151, meint von der Heimatsuche Hänsels: «Bevor das Kind den Mut besitzt, die Reise zu sich selbst anzutreten, bevor es durch das Zusammentreffen mit der Welt zur selbständigen Persönlichkeit wird, kann es nur insofern Initiative entwickeln, als es versucht, in die Passivität zurückzukehren, um sich für immer und ewig in Abhängigkeit zu begeben.» Im Französischen spricht man von *reculer pour mieux sauter* – vom Zurückgehen, um besser zu springen.

58 Vgl. H. Barüske (Hrsg.): Eskimo-Märchen, Düsseldorf–Köln 1969, 63–66: Sedna, das Mädchen, das in die Unterwelt kam. Sedna «lebt in der Unterwelt in einem Haus aus Stein und Walrippen. Sie hat nur ein Auge und kann nicht gehen» (S. 66). C. Burland: Mythologie der Indianer Nordamerikas (1970), aus dem Engl. v. E. Schindel, Wiesbaden (Vollmer Verlag) o. J., S. 19, berichtet, daß Sedna bereits als Mädchen «eine erschreckende Gier nach Fleisch zeigte» und eines Nachts sogar anfing, «seinen schlafenden Eltern die Beine abzufressen». Als Sedna wurde das dämonische Mädchen dann zur Meerfrau, zur «Mutter aller Meeresgeschöpfe. Sie war es, die die Seestürme erzeugte.»

59 R. L. M. Derolez: Götter und Mythen der Germanen (1959), aus dem Holländischen v. J. v. Wattenwyl, Wiesbaden (Suchier und Englisch) 1974, 270–271, sieht in *Ran* eine «Variante von Hel»; «sie war die Gattin des Meergottes Ägir, und die Wellen des Meeres waren ihre Töchter. Sie nahm diejenigen auf, die im Meer umgekommen waren». – Zur Psychologie der Hexen-Gestalt vgl. M. Jacoby: Die Hexe in Träumen, Komplexen und Märchen. Das dunkle Weibliche in der Psychotherapie, in: M. Jacoby – V. Kast – I. Riedel: Das Böse im Märchen, Fellbach ²(ergänzt) 1980, 195–212, der in der Hexe zu Recht «ein Bild für den die Entfaltung hemmenden Mutterkomplex» sieht (S. 204).

60 Noch einmal liegt hier eine Parallele zu dem *Mädchen ohne Hände* (KHM 31) vor, das davon berichtet, daß an dem Birnenbaum in des Königs Garten jede Frucht gezählt ist. Siehe oben Anm. 53.

61 B. Bettelheim, s. o. Anm. 6, S. 152–153, hört in der Stimme aus dem Inneren des Kuchenhauses eine «Warnung», doch handelt es sich weit

eher um ein beginnendes Verhör beziehungsweise um die Stimme des schlechten Gewissens; allerdings sieht BETTELHEIM richtig, wenn er feststellt, daß die Kinder mit ihrer Antwort «sich selbst etwas vor» machen, und dann selber die «leise Stimme» als «nach außen projiziertes Gewissen» deutet (S. 153).

62 R. GEIGER, s. o. Anm. 23, S. 269, ahnt etwas Richtiges, wenn er in der Antwort der Kinder von dem «Wind» als «Himmelskind» den eigenen Ursprung der Kinder beschrieben findet, doch entgeht ihm die psychologische Bedeutung seiner eigenen Feststellung, wenn er generalisierend fortfährt: «Ist nicht jedes Kindes Wesen himmlischer Natur und weht dem Winde gleich aus den oberen Welten herein, drängend zur irdischen Leiblichkeit, sich zu durchsättigen mit ihr?» Diese «Leiblichkeit» ist gerade das Problem!

63 F. LENZ, s. o. Anm. 6, S. 68, erinnert etymologisch an die Herkunft des Wortes *Hexe* von dem althochdeutschen *Hagazussa*. «Das war einst die im Hag lebende weise Frau, die prophetische Seherin, noch früher auch die hellsichtige Hüterin und Priesterin des Stammes.» Das *häßliche* Bild der Hexe erscheint wie eine – durch christliche Gegenbesetzung – entstandene Umwertung ihrer ursprünglichen Gestalt: «Die Hexe ist eine steinalte Frau, hat rote Augen und kann nicht weit sehen, sie nimmt also die Sinneswelt gar nicht deutlich in sich auf. Sie hat eine feine Witterung wie die Tiere…» Psychologisch ist die Hexe das Gegenteil der Leben und Nahrung schenkenden Mutter, – eine Frau, welche mit ihren süßen Speisen die Kinder nur anlockt, um sie in sich selber hineinzuschlingen. – Zur *Hexen*gestalt vgl. auch E. NIELSEN (Hrsg.): Die Hexe von Endor. Die merkwürdigsten Fälle aus dem Gebiet des Übersinnlichen von 1200 vor bis 1800 nach Christus (1922), München (dtv 1335) 1978.

64 U. ESCHENBACH, s. o. Anm. 6, S. 142–143, verweist bei dem Hexen-Motiv auf das «immer wieder so schwer verstehbare Wesen der Frau, der Gebärerin, aber auch der Todesgöttin mit dem empfangenden Erdschoß» und meint, dieses Bild finde «in den mythischen Bildern seine Erklärung». Wenn sie aber in diesem Zusammenhang an die Novelle von J. GOTTHELF: *Die schwarze Spinne* (1842) denkt, so vergißt sie, daß

dort in extremer Weise das Gefühl der *Schuld* für das Opfer eines Kindes bei einem Pakt mit dem Satan beschrieben wird; so betrachtet, müßte man sagen, daß, ähnlich wie beim *Mädchen ohne Hände* (KHM 31), die «Hexe» die Personifikation einer Mutter darstellt, die unter der Last der Not glaubt, den Teufel hereinlegen zu können; der Fluch, den diese Frau mit ihrem Kind über alle Dorfbewohner bringt, kann nur durch das Selbstopfer einer gottergebenen Frau aufgehoben werden. Vgl. J. GOTTHELF: Die schwarze Spinne, in: Erzählungen, hrsg. v. H. Helmerking, München 1960. Vgl. auch M.-L. v. FRANZ: Das Weibliche im Märchen (1974), aus dem Amerik. von J. v. Graevenitz, Stuttgart 1977, S. 95–110: Die Frau, die zur Spinne wurde (ein Eskimo-Märchen).

65 B. BETTELHEIM, s. o. Anm. 6, S. 153, erklärt das Hexenmotiv aus der oralen Gier der Kinder selber: «…das Märchen lehrt, daß Vernichtung droht, wenn man sich so ungehemmt seiner Gefräßigkeit hingibt. Die Regression zu dem frühesten ‹himmlischen› Zustand des Seins… bringt… die Existenz in Gefahr, wie die kannibalistischen, in der Gestalt der Hexe verkörperten Neigungen zeigen. Die Hexe, eine Personifikation der destruktiven Aspekte der Oralität, ist ebenso darauf aus, die Kinder aufzufressen, wie diese darauf aus sind, deren Lebkuchenhaus zu zerstören… Die Kinder essen nur die symbolische Repräsentation der Mutter – das Lebkuchenhaus; die Hexe möchte die Kinder selber fressen.»

66 Zur Deutung des entscheidenden Motivs von dem «Knöchlein» bleibt es zu allgemein, wenn B. BETTELHEIM, s. o. Anm. 6, S. 154, dazu bemerkt: «Die bösen Absichten der Hexe zwingen schließlich die Kinder, die Gefahren rückhaltloser Gier und Abhängigkeit zu erkennen. Um zu überleben, müssen sie Initiative entwickeln und sich klarmachen, daß die einzige Rettung in einem intelligenten Planen und Handeln liegt.» Intelligent gehandelt hat «Hänsel» all die Zeit bisher, und der Fleiß, mit dem «Gretel» das Haus der Hexe versorgt, ist weit entfernt von einer infantilen Bequemlichkeitshaltung. Das Problem liegt gerade darin, daß in dem Vorzeigen des «Knöchleins» die Magerkeit Hänsels zur Überlebensbedingung wird und auf Gretels Seite alle

Intelligenz und alle Arbeit jetzt in den Dienst der «Hexen»-Ansprüche gestellt werden.

67 Vgl. zu dem Thema der Magersucht H. THOMÄ: Anorexia nervosa. Geschichte, Klinik und Theorien der Pubertätsmagersucht, Stuttgart 1961; A. DÜHRSSEN: Psychogene Erkrankungen bei Kindern und Jugendlichen, Göttingen 1954, 238–251.

68 H. THOMÄ, s. o. Anm. 67, S. 35–37. Danach liegt die Geschlechtsverteilung der Anorexia nervosa bei 89% Mädchen zu 11% Jungen, und selbst dieses Verhältnis dürfte auf der männlichen Seite noch zu hoch geschätzt sein.

69 A. DÜHRSSEN, o. Anm. 67, S. 241, sieht im Hintergrund eines Falles von Anorexia nervosa die Tatsache, daß die Mutter «ganz beherrscht war von der quälenden, ihr selbst sicher unbewußten Problematik ihrer eigenen höchst propulsiven Abwehrimpulse gegen das Kind, das sie in der eigenen Freiheit behinderte». Und S. 240: «Die orale Überbesorgnis der Eltern hat einen im Grunde sehr weitgehend schuldgefühlshaften Charakter. Diese Mütter pflegen ihren Kindern zu vielen Bereichen eine kindgemäße Entfaltung nicht zu gestatten. Insbesondere wird die aggressiv handelnde Expansion außerordentlich oft ganz ungebührlich eingeengt.» Wir müssen uns nur noch einmal in Erinnerung rufen, mit welcher «Sorge» die (Stief)Mutter von «Hänsel» und «Gretel» ihren Kindern das (letzte!) Brot in die Hand gab und sie am Feuer im Walde einschlafen ließ – nur um sie endgültig loszuwerden, und wir verstehen, daß eben diese Widersprüchlichkeit zwischen Liebe und Haß, Schuldgefühl und Übersteigerung des guten Willens, neuerlicher Aggression und betulicher Gegenbesetzung gerade bei einem intelligenten und fleißigen Kind, wie B. BETTELHEIM es sich wünscht (s. o. Anm. 66), das therapeutisch so schwierige und im ganzen lebensgefährliche Problem der *Magersucht* herbeiführen kann.

70 Vgl. PLATON: Phaidon, aus dem Griech. v. F. Schleiermacher, in Sämtliche Werke, hrsg. von E. Grassi, 3. Bd.: Phaidon. Politeia, Hamburg (rk 27a) 1958, 7–66, Kap. 11 (66b–67b): «…der Leib macht uns tausenderlei zu schaffen wegen der notwendigen Nahrung, dann auch, wenn uns Krankheiten zustoßen…, und auch mit Gelüsten und Begierden, Furcht und mancherlei

Schattenbildern und vielen Kindereien erfüllt er uns; so daß recht in Wahrheit, wie man auch zu sagen pflegt, wir um seinetwillen nicht einmal dazu kommen, auch nur irgend etwas richtig einzusehen. Denn auch Kriege und Unruhen und Schlachten erregt uns nichts anderes als der Leib und seine Begierden. Denn über den Besitz von Geld und Gut entstehen alle Kriege, und dieses müssen wir haben des Leibes wegen, weil wir seiner Pflege dienstbar sind... es ist... ganz klar, daß, wenn wir je etwas rein erkennen wollen, wir uns von ihm losmachen und mit der Seele selbst die Dinge selbst schauen müssen. Und offenbar dann erst werden wir haben, was wir begehren..., die Weisheit, wenn wir tot sein werden» (S. 19).

⁷¹ H. THOMÄ, s. o. Anm. 67, S. 271–272, betont: «Die Nahrungsabstinenz steht... im Dienste einer Selbstbestrafung und stellt einen vergeblichen Versuch dar, Schuldgefühlen zu entgehen, indem *Handlungen* vermieden oder *Funktionen* automatisch gehemmt werden... Die Symptomentstehung führt zu einer faktischen Leistungseinbuße, und die durch unbewußte Strebungen und bewußte Phantasien motivierten Schuldgefühle werden noch durch den Selbstvorwurf verstärkt, unfähig und wertlos zu sein. Letzterem versuchen viele Anorexia-nervosa-Patienten durch eine selbstverständlich überdeterminierte Hyperaktivität zu entgehen... Beispielsweise muß hier die penetrante Fürsorge genannt werden, mit welcher viele Anorexia-nervosa-Kranke ihre Familienangehörigen... bemuttern.» Diese Darstellung entspricht weitgehend den Schilderungen, die wir soeben aus dem Munde eines Magersüchtigen angeführt haben, doch muß man den Aspekt des *Streiks*, des Boykotts, der Negation der fremden Ansprüche durch Nahrungsverweigerung unbedingt noch hinzufügen, um das Bild abzurunden.

⁷² Vgl. K. SCHMIDT (Übers.): Buddhas Reden. Majjhimanikaya. Die Sammlung der mittleren Texte des buddhistischen Pali-Kanons, Hamburg (rk 87–88) 1961, 12. Löwengebrüll – Großes Sutta, S. 44–52, S. 49: «Durch diese geringe Ernährung wurde ich äußerst mager. Wenn ich meine Bauchhaut betasten wollte, griff ich meine Rückenwirbel, und wenn ich meine Rückenwirbel betasten wollte, griff ich meine Bauchhaut.»

⁷³ Zur *Bulimie*-Problematik vgl. R. BATTEGAY: Die Hungerkrankheiten. Unersättlichkeit als krankhaftes Phänomen, Bern 1982; M. GERLINGHOFF – H. BACKMUND: Magersucht, Stuttgart 1989.

⁷⁴ K. HAMSUN: Hunger (1890), aus dem Norweg. v. J. Sandmeier und S. Angermann (1958), München (dtv 11398) 1982.

⁷⁵ A. a. O., S. 39: «Ein sonderbarer Schwindel fuhr mir mit einemmal durch den Kopf; ich ging weiter und wollte nicht darauf achten, es wurde aber schlimmer und schlimmer, und ich mußte mich zuletzt auf eine Treppe setzen. In meinem ganzen Gemüt ging eine Veränderung vor sich, als gleite etwas in meinem Inneren zur Seite oder als reiße ein Vorhang, ein Gewebe, in meinem Gehirn entzwei.»

⁷⁶ A. a. O., S. 36: «...ich sah ein Brett auf dem Tisch, beladen mit einer Menge von Butterbroten, sie wechselten das Aussehen, sie wurden zu einem Beefsteak, einem verführerischen Beefsteak... Und die Türe ging auf: meine Hausfrau kam und bot mir noch einmal Tee an...»

⁷⁷ A. a. O., S. 11; S. 16.

⁷⁸ A. a. O., S. 56.

⁷⁹ A. a. O., S. 57.

⁸⁰ A. a. O., S. 58 – was bedeutet nur das Wort *Kuboaa*, das der hungerkranke HAMSUN in seinen Träumen sich ausdenkt?

⁸¹ F. KAFKA: Sämtliche Erzählungen, hrsg. v. P. Raabe, Frankfurt (Fischer Tb. 1078) 1970, 163–171: Ein Hungerkünstler (1924).

⁸² A. a. O., S. 166.

⁸³ A. a. O., S. 165.

⁸⁴ A. a. O., S. 165.

⁸⁵ A. a. O., S. 171.

⁸⁶ A. a. O., S. 169.

⁸⁷ A. a. O., S. 170.

⁸⁸ A. a. O., S. 171.

⁸⁹ Vgl. zum Beispiel R. STALMANN: Psychosomatik. Wenn die Seele leidet, wird der Körper krank (1979), Frankfurt (Fischer Tb. 3332) 1984, S. 104–110: Zu dick oder zu dünn, S. 109–110: «Bei der chronischen Magersucht» (von Mädchen) sind die «Ursachen... zumeist darin zu finden, daß das Mädchen es ablehnt, die Frauenrolle zu übernehmen, besonders in sexueller Hinsicht. Und da die Geschlechtsreife der Frau einhergeht mit der Entwicklung der Brüste und der rundlich-weichen Körperformen, wird eben diese Entwicklung durch Nahrungsverweigerung verhindert.» Zu der Angst der Männer vor der Frau in der patriarchalen Kultur des Abendlandes vgl. K. STERN: Die Flucht vor dem Weib. Zur Pathologie des Zeitgeistes, aus dem Amerik. v. O. Lause, Salzburg 1968.

⁹⁰ U. ESCHENBACH, s. o. Anm. 6, S. 110, macht sich im Anschluß an HUMPERDINCKS Oper Gedanken zu der *Rute*, mit welcher das «Hänsel» dort «die von der Hexe gebackenen Kuchenkinder in Bewegung zu setzen» vermag, und zu dem «dünnen Knöchlein», das Hänsel bei den BRÜDERN GRIMM anstelle seines Fingers der «Hexe» entgegenstreckt; zu Recht sieht sie in beidem «ein phallisches Symbol»; leider aber geht sie dieser wichtigen Bedeutung des Bildes nicht weiter nach, außer daß sie (S. 153–154) in den «Krebsschalen», die von der Hexe dem armen Gretel als Nahrung vorgesetzt werden, eine Parallele zu Hänsels «Knöchelein» im Sinne eines weiteren Fruchtbarkeitssymbols erkennt: «Besonders auffallend beim Krebs sind die mondförmigen Scheren, die den Menschen an den zunehmenden oder abnehmenden Mond erinnern konnten.» Wenn das «Knöchlein» ein phallisches Symbol ist, so sollte man die «Krebsschalen» demgemäß als ein weibliches Sexualsymbol verstehen – als Bild der «vagina dentata», des verschlingenden, mit Zähnen bewehrten, fressenden Schoßes der Frau.

⁹¹ Vgl. S. FREUD: Über fausse reconnaissance («déjà raconté») während der psychoanalytischen Arbeit (1914), Ges. Werke X, London 1946, 116–123, S. 119–121, der den *Finger* als Penis-Symbol versteht. Zur Bewertung der Sexualität vgl. DERS.: Über «wilde» Psychoanalyse (1910), Ges. Werke VIII, London 1945, 118–125, S. 120–121: «Wir sprechen darum... lieber von Psychosexualität, legen so Wert darauf, daß man den seelischen Faktor des Sexuallebens nicht übersehe und nicht unterschätze. Wir gebrauchen das Wort Sexualität in demselben umfassenden Sinne, wie die deutsche Sprache das Wort ‹lieben›.» «Es ist richtig, daß die Psychoanalyse angibt, sexuelle Unbefriedigung sei die Ursache der nervösen Leiden. Aber sagt sie nicht noch mehr? Will man als zu kompliziert beiseite lassen, daß sie lehrt, die nervösen Symptome ent-

springen aus einem Konflikt zwischen zwei Mächten, einer (meist übergroß gewordenen) Libido und einer allzu strengen Sexualablehnung oder Verdrängung?»

92 Vgl. A. Dührssen, s. o. Anm. 67, S. 248–249, das Fallbeispiel der Tochter eines Alkoholikers mit den «Richtlinien» der Mutter: «Heirate nie, Du hast davon Unglück. Männer sind grob und roh und plündern die Frauen aus. Wenn Du sparsam bist und genügsam, wirst Du immer ein bescheidenes Leben fristen können. Versuche fleißig und selbständig zu werden» (S. 248).

93 H. Thomä, s. o. Anm. 67, S. 266, meint: «Die orale Ambivalenz wird ... überformt von Abwehrvorgängen, die zu einer *Ichveränderung* führen. Vielleicht hat diese eine gewisse Ähnlichkeit mit der von S. Freud beschriebenen ‹Ichregression›... auf die ‹Stufe der halluzinatorischen Wunschbefriedigung›... Jedenfalls machen sich die Anorexia-nervosa-Kranken in Negativismus und Anosognosie, also in der Ablehnung, krank und hilfsbedürftig zu sein, weitgehend unabhängig vom Essen und von ihrer Umwelt. Sie haben scheinbar kein Bedürfnis mehr, und jedes Angebot einer Hilfe wird als eine Gefahr erlebt, welche die unter partieller Verleugnung der Realität erreichte Vollkommenheit und Sicherheit gefährden könnte. Vom Verfall ihres Körpers scheinen sie nicht berührt zu sein, was auf einen wahnähnlichen Glauben, in Autarkie von der eigenen Substanz leben zu können, zurückgeführt werden muß.» In diesem Kontext muß der Umgang mit der «Sexualität» gesehen werden.

94 Noch im Jahre 1992 machte *die römisch-katholische Kirche* in ihrem «Weltkatechismus» (*Catéchisme de l'Église Catholique*, Paris 1992) für 900 Millionen Menschen auf dieser Erde die «Sittenlehre» verbindlich, daß «Masturbation, Unzucht (sc. außer- oder vorehelicher Verkehr), Pornographie und homosexuelle Praktiken unter den schweren Sünden gegen die Keuschheit (sc. das 6. Gebot) zu nennen sind». A. a. O., Nr. 2396; vgl. Nr. 2351–2359. Wie es sich im Schatten einer solchen Moral lebt, zeigt ironisch und wütend Janosch: Polski Blues, München (Goldmann Tb. 42170) 1991, S. 136–146, indem er schildert, wie die Kirche jede sexuelle Erregung als Todsünde verbietet, aber das Töten von Menschen im

Kriege erlaubt, ja, segnet und zur Pflicht erklärt.

95 H. Thomä, s. o. Anm. 67, S. 300–315, hält eine Reihe daseinsanalytischer Betrachtungen zum Phänomen der Magersucht bereit; doch therapeutisch ist alle philosophische Vernunft ohnmächtig gegen eine Rationalisierung, die sich nicht nur subjektiv, sondern auch objektiv auf eine abendländische Lehrtradition der Leibfeindlichkeit von Platon (s. o. Anm. 70) bis zum gegenwärtigen Lehramt der römischen Kirche berufen kann.

96 Vgl. U. Eschenbach, s. o. Anm. 6, S. 127: «Da gibt es die Ehe, in der man sich wie Brüderchen und Schwesterchen fühlt, weil zwei Ahnungslose sich heiraten und niemand da ist, der sie ‹erlöst›... Aber es gibt auch junge Paare, bei denen der Mann Potenzstörungen hat und seine Ehefrau immer wieder kontrolliert, ob ‹er› schon dick wird. Auch diesem Mann (sc. in dem Fallbeispiel der Therapie, d. V.) fiel der Hänsel ein, und er beschimpfte seine Frau als Hexe. ‹Die will mich ja nur verschlucken›, war sein heftiger Kommentar. Seine sehr junge und sehr niedliche Ehefrau aber sagte unter Tränen: ‹Ich will doch nur lieb sein, und manchmal wird er dann doch dick.›» – Zur Symbolik des *Ofens* vgl. S. Freud: Vorlesungen zur Einführung in die Psychoanalyse (1917), Ges. Werke XI, London 1940, 10. Vorlesung, S. 164–165: «Die Feuerbereitung und alles, was mit ihr zusammenhängt, ist auf das innigste von Sexualsymbolik durchsetzt. Stets ist die Flamme ein männliches Genitale, und die Feuerstelle, der Herd, ein weiblicher Schoß.»

97 Zu dem *Zeitverlust* in der Magersucht vgl. H. Thomä, s. o. Anm. 67, S. 301: «‹... sich über *zeitliche*... Strukturen seines Daseins auszusprechen... scheint den an Anorexie leidenden jungen Mädchen nicht möglich zu sein. Sie sind gleichsam von der Zeitlichkeit ihres Daseins her nicht zugänglich›».

98 Es ist die Sehnsucht nach dem Unveränderlichen, die Platon: Timaios, in: Sämtliche Werke, übers. v. F. Schleiermacher, Bd. 5: Politikos, Philebos, Timaios, Kritias, hrsg. v. E. Grassi, Hamburg (rk 47) 1959, 141–213, Kap. 5 (28a–29d), äußert: «Die Aussagen von dem Beharrlichen, Gewissen, der Vernunft Offenbaren müssen beharrlich und unveränderlich sein..., unwiderlegbar und unerschütterlich» (S. 154).

99 Die weltweit verbreitete, «archetypische» Vorstellung von der «Hexe» wird wesentlich geprägt von dem Gegensatz zwischen der verlockenden Schönheit der noch jungen Frau und ihrem an den Tod gemahnenden Erscheinungsbild im Alter. Vgl. B. Bucher: Die Phantasien der Eroberer. Zur graphischen Repräsentation des Kannibalismus in de Brys *America*, in: K.-H. Kohl (Hrsg.): Mythen der Neuen Welt. Zur Entdeckungsgeschichte Lateinamerikas, Berlin 1982, 75–91, S. 77–81: Die Kannibalinnen mit den hängenden Brüsten. Das Motiv der Frau mit den Brüsten, die «an einem bisweilen knochigen Brustkasten herab» fallen, – «die Stirn ist runzelig, es fehlt ... jeder Schmuck, und ihre Haare ... hängen in unordentlichen Strähnen auf ihre Schultern», dieses Motiv «wird in der mittelalterlichen Ikonographie und noch weit über die Renaissance hinaus unheilbringenden Frauen zugeschrieben: Vampiren, Hexen, Dämonen, Inkarnationen der Laster oder der Plagen» (S. 78).

100 Siehe oben Anm. 8.

101 Vgl. Mk 15,33; Lk 23,44; Mt 27,45.51.

102 A. Cayatte (Reg.): Wir sind alle Mörder (Nous sommes tous des assassins) (1952).

103 F. Kafka: Der Prozeß (1935), hrsg. v. M. Brod (1958), Frankfurt (Fischer EC 3) 1960.

104 F. Kafka: In der Strafkolonie (1919), in: Sämtliche Erzählungen, s. o. Anm. 81, S. 100–123.

105 Zur Gestalt *Hamlets* vgl. S. Freud: Die Traumdeutung (1900), Ges. Werke II–III, London 1942, S. 271–273.

106 Zum Begriff der *Imago* vgl. C. G. Jung: Symbole der Wandlung. Analyse des Vorspiels zu einer Schizophrenie (1911), Ges. Werke V, Olten 1973, S. 65, Anm. 1. S. Freud: Zur Dynamik der Übertragung (1912), Ges. Werke VIII, London 1943, 364–374, S. 366, übernahm den Begriff als «glücklich».

107 U. Eschenbach, s. o. Anm. 6, S. 152–153; S. 157 weist besonders auf den *Feuer*-Tod der Hexe hin und meint: «... die Überwindung der Todesgefahr stärkt das Ich-Bewußtsein im Sinne eines deutlichen Entwicklungsschrittes mit der Erfahrung: Die Ausweglosigkeit verwandelt sich in einen Weg...».

108 B. Bettelheim, s. o. Anm. 6, S. 154, meint zu der «Tötung» der «Hexe»: «Erst wenn die

Gefahren erkannt werden, die es mit sich bringt, wenn eine primitive Oralität mit ihren destruktiven Tendenzen fixiert bleibt, eröffnet sich der Weg zu einem höheren Entwicklungsstadium. Dann stellt sich heraus, daß die gute, spendende Mutter tief in der bösen destruktiven versteckt war… Das weist darauf hin, daß die Kinder – nachdem sie ihre orale Angst überwunden… haben, …sich nun auch von dem Bild der bedrohlichen Mutter – der Hexe – freimachen und die guten Eltern neu entdecken können.»

[109] U. ESCHENBACH, s. o. Anm. 6, S. 156–157, fragt sehr zu Recht: «Und Gretel? Sie tut überraschenderweise genau das, was die Hexe ihr zugedacht hat! Wie du mir, so ich dir. Gretel läßt die Hexe im Ofen verbrennen. Wenn man hier den christlichen Standpunkt von gut und böse einnehmen will, könnte man meinen: Das Böse muß vernichtet werden, und Gretel hat recht getan. Ist es damit kein Mord? Und was bedeutet die Mordtendenz in Gretel? Tötungstendenz in allem, was lebt – um zu überleben? Dann würde in jedem Lebenstrieb auch der Tötungstrieb enthalten sein, und wo liegt dann die Grenze, wo der Mord beginnt? Zum Beispiel bei der Stiefmutter und bei dem Vater?» Die Antwort kann nur darin bestehen, daß man auf die *Symbolik* der Szene verweist, die nicht in der äußeren, sondern der inneren Realität spielt. Dann gilt, was S. FREUD: Neue Folge der Vorlesungen zur Einführung in die Psychoanalyse (1932), Ges. Werke XV, London 1940, S. 80, ausgeführt hat: «Für die Vorgänge im Es gelten die logischen Denkgesetze nicht, vor allem nicht der Satz des Widerspruchs… Es gibt im Es nichts, was man der Negation gleichstellen könnte… Im Es findet sich nichts, was der Zeitvorstellung entspricht.» Insofern ersetzen in der Sprache von Traum und Märchen Tod und Tötung die Funktionen von Nein und Verneinung.

[110] Vgl. E. DREWERMANN: Tiefenpsychologie und Exegese, 2 Bde., Olten 1984–1986, 1. Bd.: Die Wahrheit der Formen. Traum, Mythos, Märchen, Sage und Legende, Olten 1984, 218–230: Die Realisierungsregel und das Zeitraffergesetz der Auslegung.

[111] B. BETTELHEIM, s. o. Anm. 6, S. 155, bemerkt richtig: «Auf dem Hinweg waren die Kinder auf kein großes Wasser gestoßen. Die Tatsache, daß sie auf dem Rückweg eines überqueren müssen, symbolisiert einen Übergang und einen Neubeginn auf einer höheren Existenzebene (wie bei der Taufe).»

[112] U. ESCHENBACH, s. o. Anm. 6, S. 161, sieht in der Szene am See den Abschied der Kinder «von dem geheimnisvollen Reich einer ‹Jenseitswelt›, um wieder zurückzukehren in ihr diesseitiges Sein. Sie kommen an eine Grenze, an den Teich, an das große Wasser. Gretel hatte das Element kennengelernt bei ihrer Arbeit in der Küche. Es gehört zu ihrem Dienst und bedeutet nicht nur das Kennenlernen des Brunnens…, sondern auch das Lasten-tragen-Können… mit ihrer Fähigkeit zur Schwangerschaft… So ist es… Gretel, die aus neuem Wissen heraus erkennt, wie man ‹das große Wasser› überschreiten kann.»

[113] Zur Symbolik des *Wassers* vgl. E. DREWERMANN: Glauben in Freiheit oder: Tiefenpsychologie und Dogmatik, 1. Bd.: Dogma, Angst und Symbolismus. Solothurn 1993, S. 425–443: Die schizoide Angst und die Symbolik von Wasser und Höhle.

[114] A. a. O., S. 425–431.

[115] H. MELVILLE: Moby Dick (1851), aus dem Amerik. v. T. Mutzenbecher, Hamburg (rororo 173–174) 1956, S. 7–8.

[116] A. a. O., S. 8.

[117] A. a. O., S. 8: «Der ärgste Träumer in der tiefsten Versunkenheit – stellst du ihn auf die Beine und läßt ihn gehen, er wird ans Wasser finden… Wasser und Meditation sind auf ewig miteinander verbunden.»

[118] B. BETTELHEIM, s. o. Anm. 6, S. 155, sieht zu Recht das dreimalige Auftreten der Vögel (Taube, schneeweißes Vöglein und Ente) als Einheit.

[119] Vgl. V. IONS: Indische Mythologie (1967), aus dem Engl. v. E. Schindel, Wiesbaden (Vollmer Verl.) o. J., 104–105.

[120] Vgl. A. ERMAN: Die Religion der Ägypter. Ihr Werden und Vergehen in vier Jahrtausenden, Berlin–Leipzig 1934, S. 61–62: «…auf jenem Schlammhügel (sc. dem Hügel der Urzeit im Urozean, d. V.) war… auch… das Ei eines Wasservogels. Aus ihm aber kam eine Gans heraus, und mit ihr wurde es hell, denn die war die Sonne. Laut schnatternd flog dieser *große Schnatterer* über das Wasser. Das war das erste Licht und der erste Laut in der Stille und der Finsternis, die bis dahin über der Welt gelegen hatten.» Von daher liegt es nahe, psychologisch in dem «Entchen» auf dem See ein Symbol der *Bewußtwerdung,* der Lichtwerdung im Geiste zu sehen. Zu dem Symbol der *Ente* vgl. auch H. VON BEIT: Symbolik des Märchens. Versuch einer Deutung, Bern 1952, S. 775, die in der Vogelgestalt «eine Verflüchtigung der Anima» erblickt.

[121] Vgl. A. ERMAN, a. a. O., S. 32; 62; 134 Anm.; 340.

[122] B. BETTELHEIM, s. o. Anm. 6, S. 155, meint zu der Trennung von «Hänsel» und «Gretel»: «Bis zu dem Zeitpunkt, an dem sie das Wasser überqueren müssen, haben sich die Kinder nie getrennt. Das Kind im Schulalter sollte sich bereits seiner Einzigartigkeit als Person, seiner Individualität bewußt werden… Das findet seinen symbolischen Ausdruck darin, daß die Kinder beim Überqueren des Wassers nicht zusammenbleiben.» Das würde voraussetzen, daß «Hänsel» und «Gretel» wirklich ein Geschwisterpaar bilden und daß sie etwa acht Jahr alt sind. In der vorliegenden Interpretation hingegen betrachten wir «Hänsel» und «Gretel» als zwei seelische Anteile in der Person ein und desselben Jungen, der nach Ausweis der Konflikte, die er bisher zu bestehen hatte, sich am Ende der Pubertät befindet.

[123] S. Y. ASSAF: Sieh die Nachtigall, Bruder; aus dem Arabischen von U. Assaf-Nowak, Stuttgart 1985, 44–49: Mutter.

[124] Siehe oben Anm. 3.

[125] B. BETTELHEIM, s. o. Anm. 6, S. 156, hebt besonders hervor, «daß einmal Hänsel der Retter ist und das andere Mal Gretel», was zeige, «daß ein weibliches Wesen ebensogut Retter wie Zerstörer sein kann». Näherhin sollte man sagen, daß mit dem «Tod» der «Hexe» die «Mutter» wie von selber verschwunden ist; sie ist jetzt mit der bejahenden Seite, bisher in der Gestalt des «Vaters» personifiziert war, verschmolzen.

[126] Nur wenn man das Märchen von *Hänsel und Gretel* als die Entwicklung eines Jungen deutet, der, parallel zu der Widersprüchlichkeit seiner Mutter, in eine «männliche» und eine «weibliche» Seite auseinanderzufallen droht, macht es Sinn, daß bei der Rückkehr ins «Elternhaus» nur noch der *Vater* anzutreffen ist. Wie ratlos

man sonst vor dem Text stehen kann, gibt U. ESCHENBACH, s.o. Anm. 6, S. 166, zu erkennen, wenn sie schreibt: «Das Märchen schließt hier und läßt lediglich die Beziehung zum Vater noch einmal aufleuchten, die aber eigentlich einen etwas zu billigen Trosteffekt zu enthalten scheint für den ‹armen schuldbeladenen Alleingelassenen›.»

[127] Es ist sehr wichtig zu sehen, daß in dem Vater, der bisher nur als «schwach» und «hilflos» erschien, auch eine gewisse Stärke liegt, indem er all den so «vernünftigen», aber unmenschlichen Plänen seiner Frau die Stimme des Mitleids entgegensetzte; und eben dort in der Wirklichkeit kommt ein «Hänsel-und-Gretel-Junge» als in seinem wahren Zuhause jetzt an.

[128] Die «Skrupel» verhindern, daß eine bestimmte Handlungsweise in einer Notlage zu einem allgemeinen Gesetz erhoben werden kann. Der Unterschied ist sehr wichtig. JANOSCH, s.o. Anm. 94, S. 97, zum Beispiel schildert, wie er im Krieg einmal einen Deutschen töten mußte: «Er hatte die Maschinenpistole angelegt und wollte gerade ein paar Pilzsucher im Walde umlegen. Und da zu wissen, ob du töten sollst oder nicht, das sag mal einer! Ich weiß es immer noch nicht und bin wiedergekommen, um es vielleicht herauszufinden. Käme ich von neuem in die gleiche Situation, ich würde ihn wieder töten und wüßte nicht, ob es richtig ist.»

[129] Vgl. E. DREWERMANN: Die Spirale der Angst (1982: Der Krieg und das Christentum). Mit vier Reden gegen den Krieg am Golf, Freiburg (spektrum Tb. 4003) 1991, S. 76–82: Die Polarität von Mann und Frau; S. 242–254: Die patriarchale Unterdrückung des Weiblichen.

[130] B. BETTELHEIM, s.o. Anm. 6, S. 156, betont zwar die *Trennung* der beiden Kinder bei der Überquerung des Sees, aber nicht gleichermaßen ihr *gemeinsames* Eintreffen im Elternhause.

[131] B. BETTELHEIM, s.o. Anm. 6, S. 156, meint zu den «Schätzen», welche die Kinder mitbringen: «Als abhängige Kinder waren sie für ihre Eltern eine Last; bei ihrer Rückkehr werden sie durch die Schätze, die sie sich errungen haben, zur Stütze der Familie. Diese Schätze sind die neugewonnene Unabhängigkeit der Kinder in ihrem Denken und Handeln, ihr neues Selbstvertrauen, welches das Gegenteil der passiven Ab-

hängigkeit ist, die sie charakterisierte, als sie ausgesetzt wurden.» Und S. 157: «Am Ende hat sich … nichts geändert, als ihre innere Einstellung oder – richtig gesagt – alles hat sich geändert, weil sich die innere Einstellung geändert hat. Die Kinder werden sich nie mehr ausgestoßen, im Stich gelassen und im dunklen Wald ausgesetzt fühlen, und sie werden auch nicht mehr nach einem wunderbaren Lebkuchenhaus suchen. Aber sie werden auch nicht mehr der Hexe begegnen oder sich vor ihr fürchten, denn sie haben sich selbst bewiesen, daß sie sie durch gemeinsame Anstrengungen überlisten und besiegen können.»

[132] Vgl. E. DREWERMANN: Die zwei Brüder (KHM 60), Solothurn 1995.

Weitere Bände der Reihe:

Das Mädchen ohne Hände
48 Seiten mit 11 Farbtafeln

Der goldene Vogel
63 Seiten mit 13 Farbtafeln

Frau Holle
52 Seiten mit 8 Farbtafeln

Marienkind
63 Seiten mit 8 Farbtafeln

Die Kristallkugel
64 Seiten mit 7 Farbtafeln

Die kluge Else/Rapunzel
101 Seiten mit 4 Farbtafeln

Der Trommler
82 Seiten mit 4 Farbtafeln

Brüderchen und Schwesterchen
96 Seiten mit 4 Farbtafeln

Der Herr Gevatter/ Der Gevatter Tod/Fundevogel
85 Seiten mit 4 Farbtafeln

Schneeweißchen und Rosenrot
55 Seiten mit 6 Farbtafeln

Aschenputtel
104 Seiten mit 4 Farbtafeln

Die zwei Brüder
126 Seiten mit 4 Farbtafeln

Schneewittchen
104 Seiten mit 4 Farbtafeln

WALTER VERLAG